职业培训教材
劳动预备制教材

汽车驾驶技术

中国劳动社会保障出版社

图书在版编目(CIP)数据

汽车驾驶技术/祖国海主编．—北京：中国劳动社会保障出版社，2011
职业培训教材　劳动预备制教材
ISBN 978-7-5045-9126-5

Ⅰ．①汽…　Ⅱ．①祖…　Ⅲ．①汽车驾驶-基本知识　Ⅳ．①U471.1

中国版本图书馆CIP数据核字(2011)第134382号

中国劳动社会保障出版社出版发行
（北京市惠新东街1号　邮政编码：100029）
出版人：张梦欣
*
北京金明盛印刷有限公司印刷装订　新华书店经销
787毫米×1092毫米　16开本　11.75印张　236千字
2011年10月第1版　2014年7月第5次印刷
定价：22.00元

读者服务部电话：010-64929211/64921644/84643933
发行部电话：010-64961894
出版社网址：http：//www.class.com.cn

前　言

《中华人民共和国就业促进法》规定："国家采取措施建立健全劳动预备制度，县级以上地方人民政府对有就业要求的初高中毕业生实行一定期限的职业教育和培训，使其取得相应的职业资格或者掌握一定的职业技能。"

为进一步加强劳动预备制培训教材建设，满足各地实施劳动预备制对教材的需求，我们会同中国劳动社会保障出版社，组织有关人员对2000年出版的机械加工、电工、计算机、汽车、烹饪、饭店服务、商业、服装、建筑等类劳动预备制培训的专业课教材进行修订改版，并新编了美容美发、保健护理、物流、数控加工、会计、家政服务等类专业课教材。

在组织修订、编写教材时，考虑到接受培训人员的实际水平，为了使学员在较短时间内掌握从业必备的基本知识和操作技能，我们力求做到学习的理论知识为掌握操作技能服务，操作技能实距课题与生产实际紧密结合，内容深入浅出、图文并茂，增强教材的实用性和可读性。同时，注意在教材中反映新知识、新技术、新工艺和新方法，努力提高教材的先进性。

为了在规定的期限内更好地完成劳动预备制培训，各专业按照公共课＋专业课的模式进行教学。公共课分为必修课和选修课，教材为《法律常识》《职业道德》《就业指导》《计算机应用》《劳动保护知识》《应用数学》《实用写作》《英语日常用语》《实用物理》《交际礼仪》。专业课教材分为专业基础知识教材和专业技术（理论和实训一体化）教材。

在这批教材的修订、编写过程中，编审人员克服各种困难，较好地完成了任务。在此，谨向付出辛勤劳动的编审人员表示衷心感谢。

由于编写时间有限，教材中可能有一些不足之处，我们将在教材使用过程中听取各方面的意见，适时进行修改，使其趋于完善。

人力资源和社会保障部教材办公室

简　介

本书首先简要分析了汽车行驶的条件和汽车使用性能的各种评价指标，让读者对汽车和汽车驾驶有一个初步认识。然后通过对驾驶员职业要求的介绍，使安全文明行车的驾驶员职业思想道德在读者中得到加强。在此基础上，本书从起步、换挡、转向、制动、倒车及式样驾驶等汽车驾驶基本技能入手，到一般道路驾驶、复杂山路驾驶、夜间驾驶、重车驾驶、高速公路驾驶、特殊条件下驾驶等，对汽车驾驶技术进行了系统全面的介绍。最后本书还介绍了道路运输和汽车维护与保养等基本知识。

全书内容实用，采用了大量生动的图片，可读性强，不仅可作为各类职业教育培训教材，也是一本很好的汽车驾驶社会读物。

本书由祖国海主编，潘艳华、阮小强、潘国海编写，安潇潇绘图。

目 录

【单元一】

汽车驾驶相关知识

模块 1　汽车行驶的作用力

一、汽车驱动力

要使汽车以一定的速度运动，必须从外部对汽车施加一个推力，以克服汽车运动中所遇到的阻力。这个推动汽车运动的力叫做驱动力。

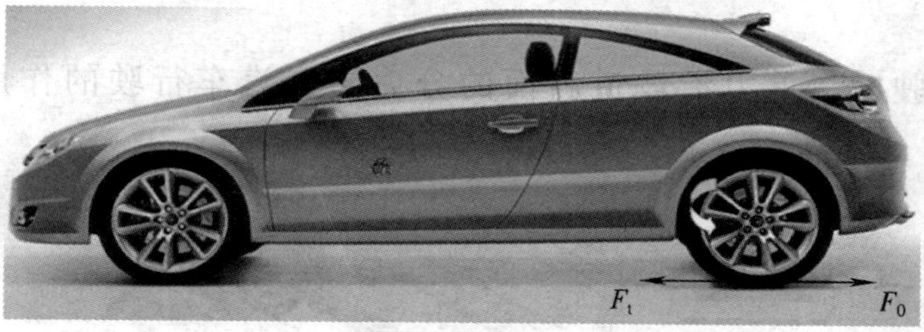

汽车驱动力

汽车发动机产生的转矩通过传动系统传给驱动轮。驱动轮上的转矩 M_t 产生一个对地面的圆周力 F_0，地面则对驱动轮施加一个反作用力 F_t，F_t 与 F_0 大小相等、方向相反。F_t 即为驱动汽车行驶的外力，称为汽车的驱动力。其值为：

$$F_t=\frac{M_t}{r}$$

式中　M_t—作用于驱动轮的转矩，N·m；

r—车轮半径，m。

二、汽车行驶中的阻力

汽车从静止到开始运动（起步），再到正常行驶的过程中，都将受到外界各种阻力的影响。这些阻力主要有滚动阻力、空气阻力、上坡阻力和加速阻力等。汽车行驶的总阻力为上述阻力之和。滚动阻力和空气阻力在任何行驶条件下均存在。上坡阻力和加速阻力仅在一定行驶条件下存在，在水平道路、等速行驶时，没有上坡阻力和加速阻力。

1. 滚动阻力

滚动阻力产生的原因有道路变形和轮胎变形。汽车轮胎在松软路面上滚动时会对地面施加压力而挤压道路，轮胎与道路间发生摩擦，要消耗一定的能量。另外，汽车行驶时其轮胎会产生变形，并处于变形、恢复的循环之中，一部分能量也会消耗在轮胎各组成部分相互间的摩擦上。

2. 空气阻力

汽车行驶时，空气与车身的摩擦形成了空气阻力。

空气阻力

3. 上坡阻力

汽车上坡行驶时，重力沿坡道斜面的分力阻碍汽车行驶的作用力称为上坡阻力 $G\sin\theta$ 。

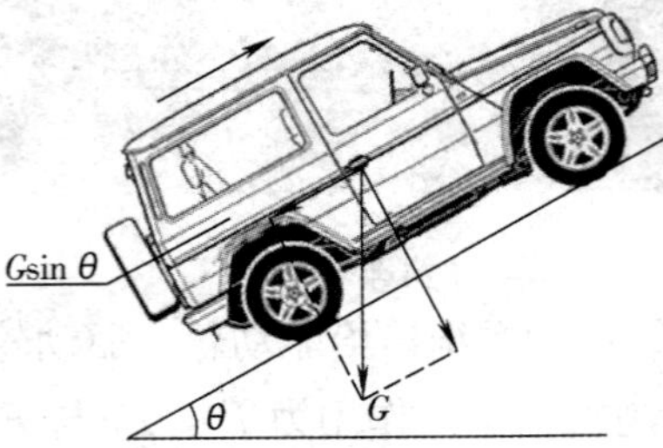

坡道阻力示意图

4. 加速阻力

汽车加速行驶时，惯性力作用方向始终与汽车运动方向相反，称为加速阻力。汽车减速行驶时，惯性力与汽车运动方向相同。

三、汽车行驶的条件

1. 汽车行驶的驱动条件

汽车的驱动力用以克服各种阻力。若驱动力大于滚动阻力、空气阻力与上坡阻力之和，汽车将加速行驶；若驱动力小于三个阻力之和，汽车将减速行驶，以致停车。

2. 汽车行驶的附着条件

增大驱动力只有在驱动轮与路面不发生滑转时才有效。在轮胎和路面一定的条件下，驱动力增大到一定程度时，驱动轮将出现滑转现象。这表明汽车行驶除受驱动条件的制约外，还受到轮胎与地面附着条件的限制。

综上所述，汽车行驶的充分必要条件是：汽车的驱动力必须大于或等于滚动阻力、空气阻力、坡道阻力之和，但只能等于或小于驱动轮的附着力。

模块 2　汽车的使用性能

汽车的使用性能主要包括汽车的动力性、经济性、操纵稳定性、制动性、通过性及行驶平顺性等，通过这些性能指标可以评价汽车性能的好坏。

一、汽车的动力性

汽车的动力性是汽车各种性能中最基本、最重要的性能。汽车的动力性直接影响汽车的平均速度，对汽车的运输效率有决定性的影响。

1. 汽车的动力性指标

（1）汽车的最高车速。汽车满载，在平直、良好的水泥或沥青路面上用最高挡行驶时所达到的最高速度，称为汽车的最高车速。

（2）汽车的加速能力。在各种使用条件下，汽车迅速增加行驶速度的能力称为汽车的加速能力。评价汽车加速性能的指标有加速度、加速时间和加速行程三个。人们常用原地起步加速时间与超车加速时间来表明汽车的加速能力。超车加速时间是指用最高挡或次高挡由某一中等车速开始，加速到最高车速的 80%时所需的时间（或通过某一段距离所需要的时间）。因为超车时，两车并行容易发生交通事故，所以加速能力强的汽车可以使并行时间缩短，从而有效地保证行车安全。

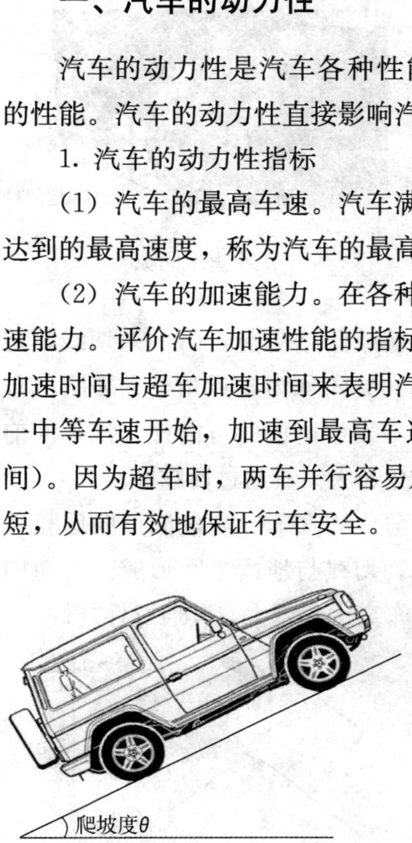

汽车的上坡能力

（3）汽车的上坡能力。汽车的上坡能力用最大爬坡度来评定。最大爬坡度是指汽车满载时在良好路面上，用最低挡等速行驶所能克服的最大道路坡度 θ。货车的最大爬坡度一般在 16.5°左右，越野汽车一般在 30°左右，轿车发动机功率较大时，其上坡能力较好。

2. 影响汽车动力性的因素

（1）结构因素。影响汽车动力性的结构因素主要有发动机参数、主减速器传动比、变速器的挡数和传动比、汽车外形和轮胎等。

（2）使用因素。影响汽车动力性的使用因素有汽车的技术状况、驾驶员的驾驶技术、汽车的维护质量和运行条件等。

二、汽车的通过性

汽车的通过性是指汽车在一定的装载质量下，以足够高的平均车速通过各种恶劣路面和克服各种障碍物的能力。

1. 汽车通过性的几何参数

汽车通过性的几何参数在一定程度上表示了汽车可以通过高低不平地段和障碍物的能力。汽车通过性的主要几何参数有：最小离地间隙、接近角、离去角、通过角和最小转弯半径等。

（1）最小离地间隙。是指汽车（除车轮外）的最低点与路面之间的距离。它表明了汽车无碰撞地越过石块、土堆和树桩等路面障碍物的能力。一般汽车的前桥、飞轮壳、变速器、消声器和后桥主减速器外壳等处离地面间隙较小。由于主减速器齿轮直径较大，因此主减速器外壳离地面间隙一般最小。

最小离地间隙

接近角、通过角和离去角

（2）接近角。从汽车前端最低点向前轮引一条切线，切线与地面形成的夹角称为接近角，它表明汽车接近障碍物时不发生碰撞的可能性。汽车的前悬越短，接近角越大，其通过性越好。

（3）离去角。从汽车后端最低点向后轮外缘引一条切线，切线与地面之间形成的夹角即为离去角，汽车离去角越大，其通过性越好。

（4）通过角。它是从汽车底部的突出部位向汽车前轮和后轮所做的两个切面之间在汽车前方形成的夹角。这个夹角越大，汽车被地面凸起物托住的可能性越小，汽车的纵向通过性能就越好。

（5）最小转弯半径 R。是指汽车转弯时，当转向盘转动到极限时，转向中心到汽车外侧车轮轨迹的最小距离。

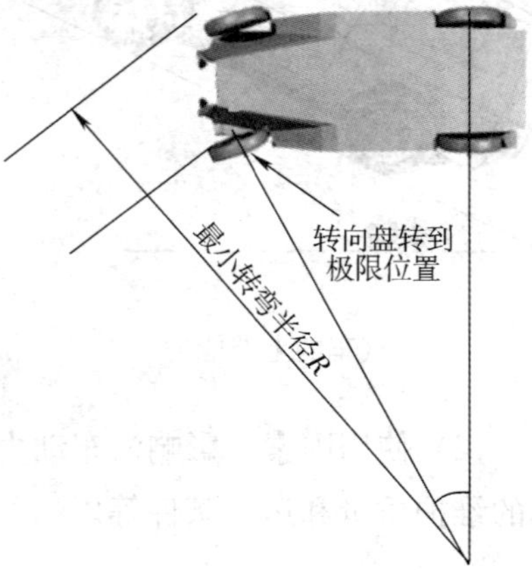

汽车转弯时的最小转弯半径 R

2. 影响汽车通过性的主要因素

（1）轮胎。在松软路面上行驶时，适当降低轮胎气压，可以增加轮胎与地面的接触面积，降低对路面的单位压力，减少滚动阻力，增加附着系数。在坚硬路面上行驶时，适当提高轮胎气压，可以减少轮胎变形程度，减少滚动阻力。另外，轮胎花纹对附着系数有很大的影响，应根据不同的使用条件选择不同花纹的轮胎。

（2）驾驶方法。驾驶方法对汽车的通过性也有很大影响，驾驶员应针对不同情况采取不同的驾驶方法。

（3）前、后车轮轮距。当汽车前、后轮轮距相等，并具有相同的轮胎宽度时，后轮沿着被前轮压实的轮辙行驶，可以提高汽车的通过性。

（4）轴荷分配。前、后轴的负荷应有适当的比例，前轴负荷应比后轴负荷小些。当前轮的单位压力比后轮小 20%～30%时，可减小汽车在松软路面的滚动阻力，提高其通过性。

（5）最低稳定车速。行驶车速降低时，地面的抗剪能力较强，可以提高附着系数，车轮不易打滑。所以，在较差路面上行驶时，用稳定的较低车速可以改善汽车的通过性。

（6）差速器。普通锥齿轮式差速器，转矩在左、右轮上是平均分配的。当一侧车轮滑转时，另一侧车轮只能产生与滑转车轮相等的驱动力，使总驱动力不能克服行驶阻力。在恶劣路面上，往往由于一个车轮打滑而使汽车不能前进。

（7）涉水能力。为了提高汽车的涉水能力，应考虑发动机分电器、火花塞、蓄电池、油尺、排气管等部件的防水（密封）问题，空气滤清器也要保证不能进水。

三、汽车的稳定性

汽车的稳定性是指汽车抵抗外界干扰、保持稳定行驶的能力。汽车操纵稳定性直接影响汽车的行驶安全。操纵稳定性好，汽车的动力性能就能够充分发挥，可以提高其行驶速度。

1. 纵向、横向稳定性

汽车的纵向稳定性是指汽车在行驶的过程中，汽车在外部因素作用下能保持正常行驶状态和方向，不致发生失控而产生滑移、倾覆等现象的能力。汽车在纵向坡道上行驶时，随着坡度的增大，作用在前轴上的地面法向反作用力不断减小，导致纵向稳定性降低。因此，要提高汽车的纵向稳定性，可以降低汽车重心的高度，防止货物移动。

纵向稳定性

横向稳定性

汽车的横向稳定性是指汽车抵抗侧翻和侧滑的能力。重力的侧向分力、曲线运动的离心力、侧向风力和不平道路的侧向冲击等是引起侧翻和侧滑的主要原因。所以，可以采用加宽轮距、降低重心、增加胎宽等方法，提高汽车的横向稳定性。

2. 操纵稳定性

影响操纵稳定性的主要因素有：

(1) 重心位置。降低汽车重心的位置可以提高汽车横向和纵向的稳定性。

(2) 汽车的轴距、轮距。加长轴距可以提高汽车的纵向稳定性，但会使汽车的转向性能变差；加宽轮距，可以提高汽车的横向稳定性。

(3) 道路状况。平坦道路、大附着系数、大弯道半径、小纵坡，以及弯道外侧较高的适当横向坡度，均能提高汽车行驶的操纵稳定性。

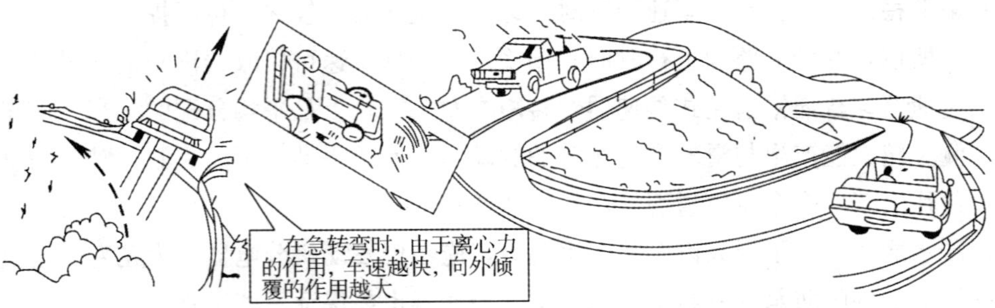

控制弯道的行驶速度，避免发生事故

(4) 行驶情况。控制汽车在崎岖山路、较滑的路面、弯道上的行驶速度，也是提高操纵稳定性的重要措施。

(5) 转向系的技术状况。随着汽车使用时间的延长，转向系机件的磨损也会加大，原有正确的几何尺寸和配合间隙、前轮定位值等都会发生变化，使得转向系技术状况变坏，而影响汽车的操纵稳定性。

(6) 轮胎的技术状况。轮胎的技术状况对操纵稳定性有直接影响：

1) 行驶中，轮胎（尤其是前胎）爆裂会使汽车急剧偏转方向。

2) 轮胎表面磨损严重，使其对路面的附着能力变差，易产生滑动或侧滑。

3) 补胎造成的前轮不平衡，会使汽车在行驶中发生摆动。

4) 轮胎气压不足或不均匀也会影响汽车的操纵稳定性。

(7) 汽车的装载。汽车超长装载、违章装载会使汽车的纵向稳定性遭到破坏，所以，汽车应均衡装载、捆扎牢固。

此外，汽车的制动性和转向特性也会影响其操纵的稳定性。

四、汽车的经济性

汽车的经济性是指汽车以最少的燃料消耗量完成单位运输工作量的能力，它是汽车的主要性能指标之一。

1. 汽车经济性评价指标

（1）单位行驶里程燃料消耗量。该指标只能用于比较同类型汽车的燃料经济性，也可分析不同部件装在同一汽车上对燃料经济性的影响。

（2）单位运输工作量燃料消耗量。该指标可以用来比较不同类型、不同装载质量的汽车的燃料经济性。

2. 影响经济性的主要因素

（1）行驶速度。由于经济车速接近中速，因此中速行驶比较省油，是提高燃料经济性的有效途径。

（2）挡位使用。在良好路面上既可以用高挡行驶，也可以用低挡行驶时，用高挡行驶比较省油，但节气门开度不能过大，否则加浓装置参加工作，油耗反而会上升。

（3）汽车的技术状况。为了保持汽车良好的技术状况，必须认真执行汽车维修规范。正确的维护和调整工作，可以提高发动机的性能，降低汽车的行驶阻力。

（4）驾驶和使用水平。正确地驾驶和使用汽车，可以降低汽车的燃料消耗量。应做到：保证发动机冷却液温度和润滑油温度正常；保证传动系统各总成的温度正常；使汽车以接近各挡位经济车速的速度行驶，尽量采用高速挡行驶；合理利用加速、滑行的驾驶方法；驾驶操作做到脚快手快，起步及行驶中缓加速，换挡要及时，合理使用制动。

（5）运行条件的影响。气温、海拔高度、道路等运行条件对燃料经济性的影响也很大。气温影响进气温度，在高原地区行驶，由于空气稀薄、充气量不足，发动机动力性、燃料经济性均下降；路基、路面、弯道、坡度、交通流量等道路条件对燃料消耗量的影响也很大。

五、汽车的制动性

汽车在行驶过程中，有时需要强制地减速以至停车，或在下长坡时维持一定行驶速度的能力称为汽车的制动性。

汽车的制动性是评价汽车安全性能的主要指标。只有汽车具有良好的制动性能，才能保证安全行驶，提高汽车的行驶速度，充分发挥汽车的各种使用性能。

1. 制动性的评价指标

（1）制动效能。指汽车制动时所产生的制动减速度、制动距离和制动时间，以及在台架上测试的制动力。

（2）制动效能的恒定性。长期多次制动产生的热量会降低制动效能。制动器抵抗热衰退的能力称为制动效能的恒定性。

（3）制动方向的稳定性。指汽车在制动时按指定方向行驶的能力。制动跑偏、侧滑或失去转向能力是引起制动时方向不稳定的主要原因。

2. 影响汽车制动性的使用因素

（1）汽车的装载质量。汽车装载质量明显地影响到轴间载荷，即影响地面附着力的大小，制动距离会由于装载质量的不同而有差异。实践证明，装载质量越大，制动距离会越长。另外，由于装载质量和方式不同时，会影响汽车重心位置的变化，也会影响汽车的制动距离。

（2）制动的初速度。制动初速度高时，需要通过制动消耗的运动能量就大，制动距离就会延长。制动初速度越高，通过制动器转化产生的热量就越多，制动器的温度也越高，导致制动蹄片摩擦材料的热衰退严重，摩擦系数明显下降，从而使制动距离增长。

（3）车轮制动器。车轮制动器的摩擦副、制动毂的材料对制动器的摩擦力矩和制动效能都有很大影响。制动器的技术状况和使用维修情况有关：制动摩擦片的表面不清洁，易造成制动不灵；制动器的间隙过大，制动反应时间会加长，使制动距离增加；使用过程中，采取降温措施，可以防止制动器过早产生热衰退现象。

（4）道路情况。道路附着系数不同，汽车制动时地面制动力也不同。附着系数越大，在相同车速下，制动距离越短，反之越长。

（5）利用发动机制动。发动机的内摩擦力矩和泵气损失可用来作为制动时的阻力矩，而且发动机的散热能力要比制动器强得多。因此，可以把发动机作为辅助制动器。

（6）驾驶技术。制动时，如车轮能保持接近抱死而未抱死的状态，可获得最大的制动力。此种状态可通过迅速交替踏下和放开制动踏板来实现（对于未装备 ABS 的车辆）。

六、汽车行驶的平顺性

汽车行驶时，路面不平会引起振动。汽车行驶时对路面不平度的隔振特性称为汽车行驶的平顺性。

1. 平顺性的评价

（1）车身的固有频率。固有频率是指弹性系统由于偶然的干扰而离开平衡位置在弹性恢复力作用下的振动频率。车身的固有频率大约在 60～85 次/min。车身的固有频率低于 40

次/min时，人会有晕车的感觉；高于 150 次/min 时，人有明显的冲击感。

（2）加速度。人体的生理反应除受车身振动频率影响外，还受加速度的影响。在某些振动频率下，人体能够承受的加速度比较大，而在另一些振动频率下，人体承受的加速度比较小。

2. 影响汽车平顺性的主要因素

汽车是一个复杂的振动系统，行驶平顺性涉及的对象是“路面—汽车—人”构成的系统。影响平顺性的主要因素有道路情况、汽车结构和汽车的技术状况等。

模块 3　汽车驾驶员职业要求

一、驾驶员职业道德的基本内容

驾驶员职业道德是调整驾驶员职业活动中驾驶员与他人、社会之间关系的行为规范的总和。这种行业行为规范是用善恶标准来评价的，依靠社会舆论、内心信念和传统习惯来维持。它包括驾驶员与旅客、用户和货主、同事、领导等一系列关系的总和。

1. 文明服务、尊客爱货

驾驶员的职责是运用汽车这种交通运输工具，实现人和物的空间转移。驾驶员的劳动过程是对旅客、货主的服务过程。我们提倡热情文明服务，要求驾驶员树立良好的驾驶作风，关心旅客，态度和蔼，安全、平稳、舒适、正点为乘客服务好。做到“用户至上”“优质服务”。

“用户至上”要求驾驶员装载货物要小心稳妥，爱护国家、集体、私人财产，处处为用户着想，避免和减少货损货差。

“优质服务”要求驾驶员关心、尊重、理解用户和货主，以主动、热情、周到、耐心的服务态度和整洁、安全、经济、优美舒适的服务环境，实现高质量的服务目标。

2. 文明行车、安全正点

驾驶员的生产活动是在点多、线长、复杂多变的道路运输环境中进行的，驾驶员的职责是确保旅客安全、将货物完好无损地送到目的地。文明行车主要是指驾驶员在行车过程中，对待旅客、行人和会车、超车等活动中表现出来的态度和作风。在行车中遇岔道路口、繁华地段，驾驶员要减速行驶；在发生交通事故地段或其他堵车情况时，自觉按秩序排队，不得抢行，或把车停在来车道中，造成新的堵车；让车时要减速，转弯时应减速靠右等。准时正点是衡量驾驶员工作质量的主要标准。

几种不文明驾驶行为

3. 遵纪守法、廉洁奉公

遵纪守法，要求驾驶员遵守有关交通法规和运输法规。驾驶工作独立性强，社会联系广，在市场经济条件下，一旦对自己放松要求，就会出现“一切向钱看、超载、私拉乱搭、侵吞票款、乱收费”等损害消费者利益，损害国家、集体利益的违法乱纪现象。因此，驾驶员要努力提高遵纪守法的自觉性，加强思想建设和法制教育，做遵纪守法、廉洁奉公的公民。

小马拉大车——超载

4. 顾全大局、团结协作

汽车驾驶员顾全大局是指服从调度指挥，不计较路线好坏、路途远近，安全地把旅客、货物送到目的地。在行驶中处处以客、货及安全行驶为目的，不盲目开快车，牢记“宁停三分不抢一秒”的原则。在集体行车时，不抢前落后。

驾驶员团结协作是职业道德的一个行为规范，众多的汽车在道路上行驶，难免会出现一些问题。例如遇到事故，要帮助拦车救护伤员，被拦车辆不管有什么困难，都得先救伤员，

以减少不必要的流血伤亡。汽车行驶中出现故障，其他过路驾驶员要尽自己的力量提供工具、技术等方面的帮助。

二、驾驶员的职业道德与行车安全

1. 行车必须安全

安全行车是对汽车运输业的基本要求。

（1）安全行车是促进社会生产力不断发展的基本保证。

（2）安全行车是实现全心全意为旅客、货主服务宗旨的基本要求。

（3）安全行车、保障国家财产和人民生命安全是汽车运输人员的神圣职责。

2. 驾驶员职业道德与安全行车的关系

汽车驾驶员不仅需要掌握娴熟的驾驶技术及汽车的一般维修常识，还需要有良好的职业道德。否则，即使技术很好，但开“风头车”“情绪车”“霸王车”“英雄车”，也会酿成大祸。

（1）要求驾驶员必须有高度的安全责任感。安全运行是驾驶员的首要职责。如果因忽视安全造成事故，轻者，车停人息货损；重者，车毁人亡。作为驾驶员，必须时刻有强烈的安全意识，确立高度的安全责任感，把人民群众的生命安危放在首位，要自觉遵守交通法规、驾驶操作规程和各项行车安全规定，服从交通管理人员的检查和指挥。树立良好的驾驶作风，做到“谨慎驾驶、安全第一”，确保国家财产和人民生命安全。

（2）文明行车、遵章守纪是安全行车的关键。汽车驾驶员在路口、繁华地段等行车途中都可能与行人、非机动车发生冲突，此时驾驶员要减速，不能强行通过。在会车、超车和转弯等过程中，要坚持礼让三分，主动减速，鸣号，靠右行驶，绝对不能疲劳驾车、酒后开车、超速行驶、违章装载、占道抢道、强行超车等。

三、培养良好的驾驶作风和驾驶职业习惯

能否实现安全行车，不仅与驾驶员的思想素质、技术水平有关，还与本人个性、修养有关。一个合格的驾驶员应该具有良好的驾驶作风，形成良好的职业习惯，具备良好的道德修养。良好的驾驶作风和职业习惯是行车安全的先决条件。主要体现在正确处理以下几个关系：

1. 正确处理有理与无理的关系

在错综复杂的交通运输线上，有的驾驶员在会车、车辆掉头时互不相让，有时会停车交涉，从而导致交通堵塞，这是无理的表现。交通规则对会车、让车虽有明确规定，但有时对方来车一时疏忽或违章行驶，抢占路面，如果以为自己有理而不主动让无理车，迎面顶上去，结果造成国家财产和人民生命的损害，自己也受损害，有理也会变得无理。“宁可有理让无理，不可无理对无理”。

2. 正确处理快与慢的关系

行车的快与慢是相对的，驾驶员要具备正确处理快与慢的能力。下列情况不得盲目开快车：

（1）在复杂的道路上，驾驶员一定要高度集中注意力，做到“一慢二看三通过”“宁停三分不抢一秒”。

（2）路况不明不开快车，情绪不稳定不开快车。

（3）不因时间晚赶路而开快车。

（4）不因私事着急开快车。

不该开快车的时候开了快车，容易出事故。在特定的条件下，低速行驶甚至走走停停，看来是慢了，但能顺利通过，比开快车出事故等候处理要快得多。驾驶员要注重实践，正确处理快慢速度关系，不断摸索形成自己安全行车的风格和职业习惯。

3. 正确处理得与失的关系

得与失关系的处理对安全行车有直接影响，能否正确处理在时间精力、苦与累、金钱等

问题上的得与失，会反映出驾驶员的职业道德水平。

有些从事长途贩运的个体经商户，为了少交税，少付运费，往往以现金支付、不要发票等不正当手段为条件，鼓动驾驶员帮忙，少数驾驶员利用车辆回程放空，私拉私收。他们利用公车办私事、搞经商，担惊受怕，思想不集中，赶时间开快车，极易发生事故。

复习题

一、判断题

1. 汽车阻力在任何行驶条件下均存在。（　）
2. 轮胎气压越大，滚动阻力越小，但轮胎磨损也加大。（　）
3. 车型不同，空气阻力也不一样。（　）
4. 汽车加速行驶时，惯性力作用方向与汽车运动方向相反，减速行驶时，惯性力与汽车运动方向也相反。（　）
5. 汽车驱动力小于滚动阻力、空气阻力、坡道阻力之和，汽车将不能行驶。（　）
6. 越野汽车的最小离地间隙比较大，所以通过性比较好。（　）
7. 汽车的前悬越短，接近角越大，其通过性越好。（　）
8. 汽车前、后轴的负荷相等时，通过性比较好。（　）
9. 汽车底盘越低，汽车的稳定性越好。（　）
10. 加长轴距，可以提高汽车的纵向稳定性；加宽轮距，可以提高汽车的横向稳定性。（　）
11. 装载质量越大，制动距离越长。（　）
12. 影响平顺性的主要因素有道路情况、汽车结构和汽车的技术状况。（　）
13. 汽车行驶中出现故障，其他过路驾驶员可以置之不理。（　）
14. 驾驶员在职业活动中，不仅要遵守社会道德，还要遵守道路运输职业道德。（　）
15. 在道路运输活动中，遵章守法、安全行车是营运驾驶员职业道德的重要内容。（　）

二、选择题

1. 能够使汽车行驶的驱动力是（　　）。

   A. 发动机的动力　　B. 发动机的转矩

   C. 驱动轮对地面的圆周力　　D. 地面对驱动轮的反作用力
2. 超车加速时间是指用（　　）挡或次高挡由某一中等车速开始，加速到最高车速的80％时所需的时间。

   A. 最低　　B. 最高　　C. 中间
3. 最大爬坡度是评价汽车上坡能力的指标，它是指汽车（　　）时在良好路面上，用最低挡等速行驶所能克服的最大道路坡度。

A. 空载　　B. 中等负荷　　C. 满载

4. 轮胎气压不足或不均匀会影响汽车的（　　）。

A. 通过性　　B. 操纵稳定性　　C. 制动性　　D. 纵向和横向稳定性

5. 控制汽车在崎岖山区、滑溜路面、弯道上的（　　）是提高操纵稳定性的重要措施。

A. 制动性　　B. 平顺性　　C. 轮胎气压　　D. 行驶车速

6. 汽车（　　）行驶比较省油，是提高燃料经济性的有效途径。

A. 低速　　B. 中速　　C. 高速　　D. 超速

7. 在良好路面上行驶，用（　　）挡行驶比较省油。

A. 低　　B. 中间　　C. 高

8. 评价汽车安全性能的主要指标是（　　）。

A. 制动性　　B. 平顺性　　C. 通过性　　D. 经济性

9.（　　）是驾驶员的首要职责。

A. 为旅客服务　　B. 保护财产　　C. 安全运行　　D. 正点到达

10. 职业道德的内容有较强的稳定性和（　　）。

A. 强制性　　B. 连续性　　C. 阶段性

11. 汽车运输具有（　　）的特点。

A. 流动分散　　B. 稳定经营　　C. 集中经营

12. 遵章守法、（　　）是营运驾驶员的职业道德规范之一。

A. 安全行车　　B. 多拉快跑　　C. 分秒必争

13. 一个（　　）的运输市场是市场经济的必然要求。

A. 封闭、严格、诚信

B. 独立、高效、价廉

C. 文明、有序、健康

14.（　　）是营运驾驶员养成良好职业道德的最根本方法。

A. 学习文化　　B. 钻研技术　　C. 勤于实践

【单元二】

汽车驾驶基础知识

模块1　汽车仪表、信号装置及开关的运用

一、汽车仪表

汽车仪表是用来显示汽车及发动机工作状况的信息显示装置。

驾驶员通过观察仪表，可以随时了解汽车的运行状况，及时得到故障报警信号，能够安全、经济地操纵汽车，保障行车安全。

目前汽车仪表已经向组合化、电子化、简明化和多媒体化方向发展。

1. 仪表盘

仪表盘是将汽车上最主要的仪表集中组合成为一个整体的信息显示装置。驾驶员通过转向盘上部的空隙，可以清楚地观察到仪表盘上的全部信息，集中了解汽车运行的主要技术状况。

仪表盘通常由车速/里程表、燃油表、水温表、机油压力表（或油压报警灯）、电流表（或电压表、充电指示灯）、发动机转速表、若干种指示灯和报警灯组成。

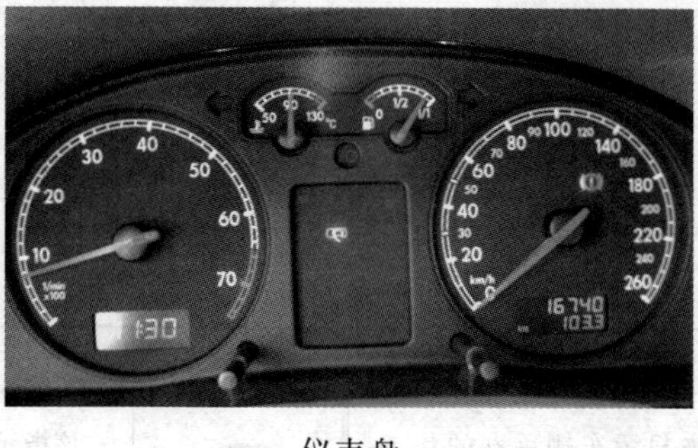

仪表盘

2. 车速表

车速表用来指示汽车的行驶速度，以 km/h 为单位。通常采用指针式。一般将变速器输出轴的转速通过软轴传给车速表，然后换算成驱动轮相应的滚动速度。车速表是驾驶员了解汽车实际车速的依据，对行车安全关系重大。

车速表

燃油表

3. 燃油表

燃油表是指示汽车燃油箱内燃油存量的仪表。一般采用指针式仪表，也有一些汽车采用燃油残量报警灯作为补充信号，当燃油量不到 10 L 时，报警灯亮。燃油表靠燃油箱中的燃油传感器提供油面高低的信号。

指针式燃油表的刻度有两种：

（1）字母式：E 表示空（EMPTY），1/2 表示一半，F 表示满

(FULL)。

(2) 数字式：0 表示空，1/2 表示一半，1 表示满。

4. 水温表

水温表是指示发动机冷却液温度的仪表。一般采用指针式仪表，也有一些汽车采用水温过高报警灯作为补充信号。水温表靠发动机水套上的水温传感器提供水温的信号。

水温表

指针式水温表的刻度有两种：

(1) 字母式：C 表示冷（COLD），H 表示热（HOT）。

(2) 数字式：如 0、80、100，单位为℃。有些水温表将刻度分成几种颜色：黄色表示偏低，绿色表示正常，红色表示过高。

发动机转速表

5. 发动机转速表

发动机转速表是指示发动机曲轴转速的仪表。通过它可以观察发动机的工作状况，检查怠速转速，选择最佳的换挡时机等。现代汽车普遍装有发动机转速表。

发动机转速表是靠分电器上的曲轴转速传感器提供信号的。发动机转速表一般为指针式仪表，它的刻度为数字，单位为 r/min。有些汽车把数字式时钟放在发动机转速表内。

二、汽车仪表盘指示灯

汽车仪表盘指示灯见表 2—1。

表 2—1 **汽车仪表盘指示灯**

图标	说明	图标	说明
 手刹指示灯	该指示灯用来显示车辆手刹的状态，平时为熄灭状态。当手刹被拉起后，该指示灯自动点亮。手刹被放下时，该指示灯自动熄灭。有的车型在行驶中未放下手刹会发出警告音	 蓄电池指示灯	该指示灯用来显示蓄电池使用状态。打开钥匙门，车辆开始自检时，该指示灯点亮，起动后自动熄灭。如果起动后蓄电池指示灯常亮，说明该蓄电池出现了使用问题，需要检查
 刹车盘指示灯	该指示灯是用来显示车辆刹车盘磨损的状况。平时，该指示灯为熄灭状态，当刹车盘出现故障或磨损过度时，该灯点亮，修复后熄灭	 机油指示灯	该指示灯用来显示发动机内机油的压力状况。打开钥匙门，车辆开始自检时，指示灯点亮，起动后熄灭。该指示灯常亮，说明该车发动机机油压力低于规定标准，需要维修
 水温指示灯	该指示灯用来显示发动机内冷却液的温度，钥匙门打开，车辆自检时，会点亮数秒后熄灭。水温指示灯常亮，说明冷却液温度超过规定值，需立刻暂停行驶，水温正常后熄灭	 气囊指示灯	该指示灯用来显示安全气囊的工作状态，当打开钥匙门，车辆开始自检时，该指示灯自动点亮数秒后熄灭，如果常亮，则表示安全气囊出现故障

续表

图标	说明	图标	说明
 ABS指示灯	该指示灯用来显示ABS工作状况。当打开钥匙门，车辆自检时，ABS灯会点亮数秒，随后熄灭。如果未闪亮或者起动后仍不熄灭，表明ABS出现故障	 发动机自检灯	该指示灯用来显示车辆发动机的工作状况，当打开钥匙门，车辆自检时，该指示灯点亮后自动熄灭，如常亮则说明车辆的发动机出现了机械故障，需要维修
 燃油指示灯	该指示灯用来显示车辆内储油量的多少，当钥匙门打开，车辆进行自检时，该指示灯会短时间点亮，随后熄灭。如起动后该指示灯点亮，则说明车内油量已不足	 车门指示灯	该指示灯用来显示车辆各车门状况，任意车门未关上，或者未关好，该指示灯都将点亮，提示车主车门未关好，当车门关闭或关好时，相应车门指示灯熄灭
 清洗液指示灯	该指示灯是用来显示车辆所装玻璃清洗液的多少，平时为熄灭状态，该指示灯点亮时，说明车辆所装载玻璃清洗液已不足，需添加玻璃清洗液。添加玻璃清洗液后，指示灯熄灭	 电子油门灯	常见于大众品牌车型中。打开钥匙门，车辆开始自检时，EPS灯会点亮数秒，随后熄灭。如车辆起动后仍不熄灭，说明车辆机械与电子系统出现故障
 雾灯指示灯	该指示灯是用来显示前后雾灯的工作状况，当前后雾灯点亮时，该指示灯相应的标志会点亮。关闭雾灯后，相应的指示灯熄灭	 转向指示灯	该指示灯是用来显示车辆转向灯所在的位置。通常为熄灭状态。当点亮转向灯时，该指示灯会同时点亮相应方向的转向指示灯，转向灯熄灭后，该指示灯自动熄灭
 远光指示灯	该指示灯是用来显示车辆远光灯的状态。通常情况下，该指示灯为熄灭状态。当点亮远光灯时，该指示灯会同时点亮，以提示驾驶员，车辆的远光灯处于开启状态	 安全带指示灯	该指示灯用来显示安全带是否处于锁止状态，当该灯点亮时，说明安全带没有及时扣紧。有些车型会有相应的提示音。当安全带被及时扣紧后，该指示灯自动熄灭
 O/D挡指示灯	该指示灯用来显示自动挡的O/D挡（Over—Drive）超速挡的工作状态，当O/D挡指示灯闪亮，说明O/D挡已锁止。此时加速能力获得提升，但会增加油耗	 内循环指示灯	该指示灯是用来显示车辆空调系统的工作状态，平时为熄灭状态。当点亮内循环按钮，车辆关闭外循环，空调系统进入内循环状态时，该指示灯自动点亮。内循环关闭时熄灭
 示宽指示灯	该指示灯是用来显示车辆示宽灯的工作状态，平时为熄灭状态，当示宽灯打开时，该指示灯随即点亮。当示宽灯关闭或者关闭示宽灯打开大灯时，该指示灯自动熄灭	 VSC指示灯	该指示灯是用来显示车辆VSC（电子车身稳定系统）的工作状态，多出现在日系车上，当该指示灯点亮时，说明VSC系统已被关闭
 TCS指示灯	该指示灯是用来显示车辆TCS（牵引力控制系统）的工作状态，多出现在日系车上。当该指示灯点亮时，说明TCS系统已被关闭		

三、汽车的各种开关

1. 点火开关

点火开关是用以接通或切断点火系统及部分电气设备电源的机件。在发动机熄火情况

点火开关

下，必须关闭点火开关，以防烧毁电气设备，甚至引起火灾。

点火开关具有下述四种位置。

(1) LOCK（锁止）：该位置为正常停车位置。仅在该位置方可取掉钥匙。由此锁止点火装置并在取下钥匙后，方向盘即不能正常使用。

(2) ACC（附件）：此时可操作诸如收音机之类的附件，但是发动机处于关闭状态。

(3) ON（打开）：该位置为正常操作位置。所有电气系统均处于通电状态。

(4) START（起动）：该位置为采用起动电动机起动发动机的位置。一旦发动机起动，应当立即将钥匙从该位置松开。

2. 车灯开关

汽车驾驶中，错误地使用灯光不仅会影响自己的行车安全，也会对他人造成影响。而合理利用灯光则能获得更多的信息。

人们常见的灯光控制系统可以被笼统地分为两类——拨杆式和旋钮式。

拨杆式车灯开关

(1) 拨杆式灯光控制系统将所有的控制功能集中在一根拨杆上，顺序旋转操作杆端部便可以依次打开各种灯光。雾灯控制位于操作杆的里侧，同样依靠旋转进行控制。变换远近光和转向灯则依靠向不同方向推拉操作杆实现。有些车型的雾灯控制环可以双方向旋转，以实现单独开启后雾灯的功能。

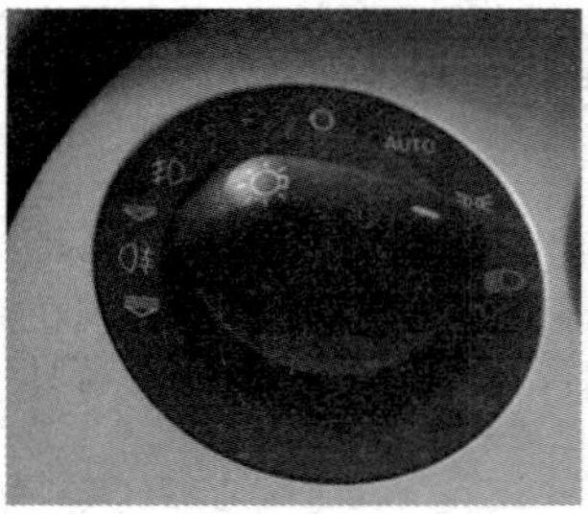

旋钮式车灯开关

(2) 旋钮式灯光控制系统将所有的操作分为两部分，一部分是用于控制示宽灯、近光灯、前后雾灯的开关，位于方向盘左侧的控制台上，示宽灯、近光灯依靠旋转旋钮控制。雾灯则依靠向外拉起旋钮控制，拉起第一级为前雾灯，第二级为前后雾灯同时开启，基本上无法实现后雾灯的单独开启。另一部分灯光的常用控制，如远近光变换、转向灯开启则还需依靠方向盘下的操作杆控制，这种模式将常用和非常用的操作分离，可以有效减少误操作。

目前大部分车型的转向灯都是单控制模式，在变换车道的时候，转向灯开关无法完成自动回位，在变换车道之后，需要手动完成操作杆的回位。如果是在转弯或掉头时，开关则可以随着方向盘的回转自动回位。如果驾驶员无法确认是否能够自动回位，则应该注意仪表板上的转向灯开关是否仍在闪亮。

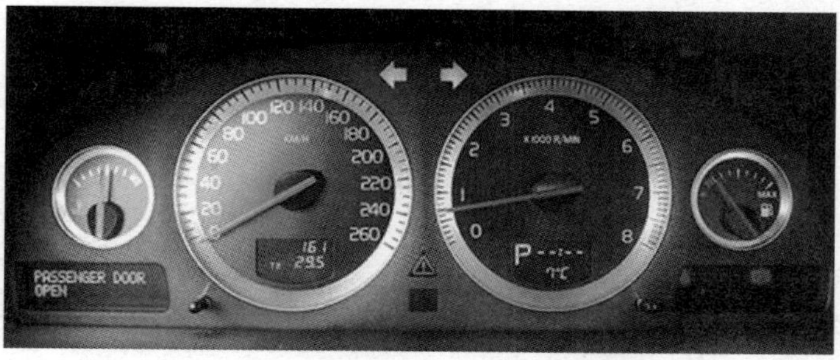

转向灯开关指示灯

3. 喇叭按钮

喇叭按钮分为电喇叭按钮和气喇叭按钮。前者一般安装在转向盘的中央或两侧，后者安装在驾驶室的地板上。

4. 刮水器开关

刮水器开关用来控制刮水器，其结构分为旋转式和拉钮式。刮水器开关分为关闭、间歇、低速和高速四个挡位。

5. 空调开关

空调开关用来控制汽车空调，分有鼓风机旋钮开关（空气流量开关）、温度旋钮开关（温度调节开关）和气流分配开关。

模块 2　汽车操纵装置的运用

一、加速踏板（俗称“油门”）

加速踏板用来控制节气门的开度，以调节进入汽缸中可燃混合气或燃油的数量（柴油汽车则用于控制燃油泵的供油量），使发动机的转速增高或降低。

1. 踏法

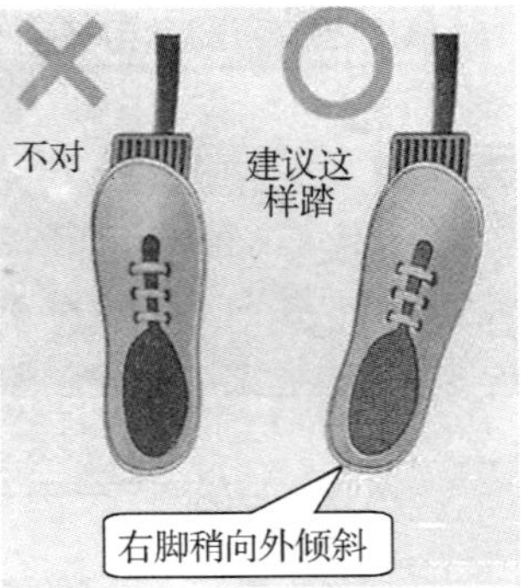

操纵加速踏板时，以右脚后脚跟为支点靠在驾驶室的地板上，脚稍向右倾，用脚掌轻轻踩踏。

2. 回位

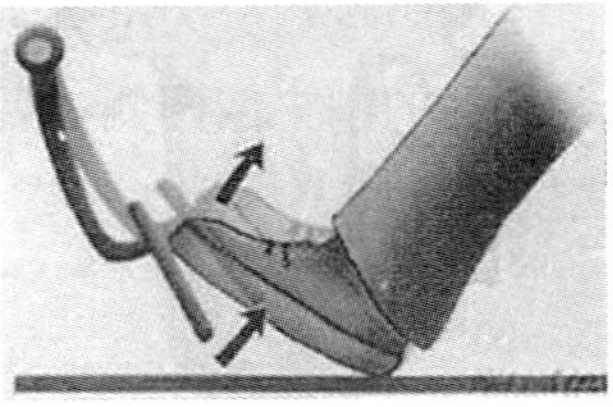

以脚跟为支点，脚掌逐渐抬起。

二、离合器踏板

离合器踏板是离合器的操纵机件，用以控制发动机与传动系统的连接与分离，从而实现动力的传递或切断，以利于发动机的起动、车辆的起步、换挡及停车动作的实现。

1. 踏法

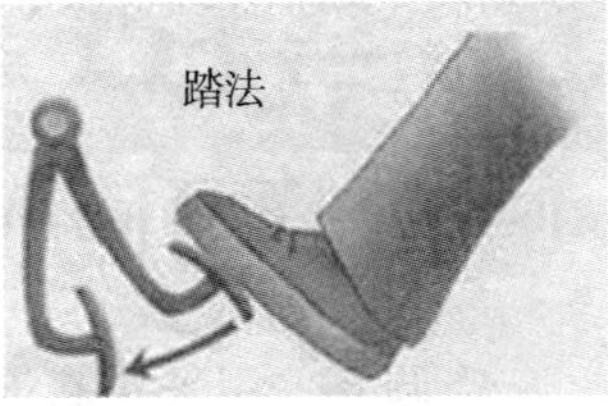

左脚掌踏在离合器踏板上，以膝关节和踝关节的伸屈力踏下或抬起。踏下离合器踏板的动作要迅速，要一次踏到底。

2. 回位

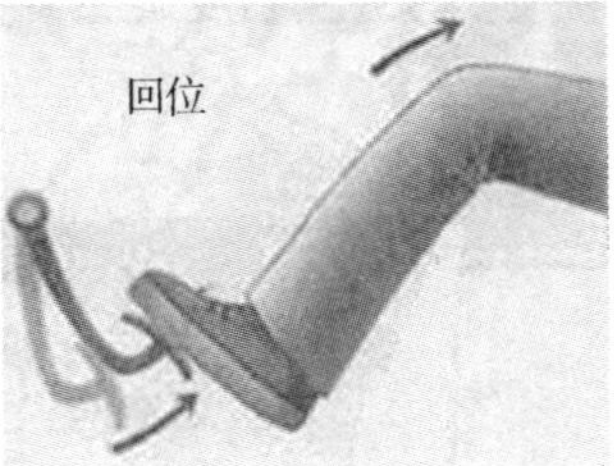

汽车起步松抬离合器踏板时，开始可稍快一点，当离合器与传动系统结合时应稍加停顿，然后再缓慢松抬，使离合器与传动系统结合平稳。完全结合后，应迅速将脚从踏板上移开，放在踏板的左下方。

离合器踏板抬起的速度要根据挡位的高低和车速的情况而定，一般低挡位、慢车速时抬放速度要慢一些；高挡位、快车速时抬放速度可快一些。无论抬放的速度快与慢，其动作必须连贯。

三、制动踏板

制动踏板是车轮制动器的操纵机件，用以减速或停车。根据制动系统的分类，制动可分为气压制动和液压制动。在制动踏板产生制动作用的同时制动灯亮，以警示后方的车辆。

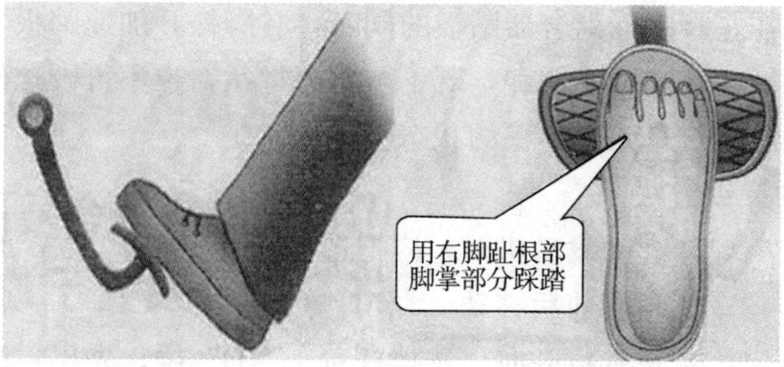

脚踏制动踏板时，两手应握稳转向盘。液压制动以右脚掌踏制动踏板，以膝关节的伸屈动作踏下或抬起。气压制动以右脚跟靠住驾驶室地板，以踝关节的伸屈动作踏下或抬起。

根据制动效果的要求，分为完全踏下、先轻踏再重踏、随踏随放等方式踏下制动踏板，以达到平稳减速和停车的目的。抬起制动踏板的动作应迅速。

温馨提示： 不得用脚尖和脚心踩制动踏板。

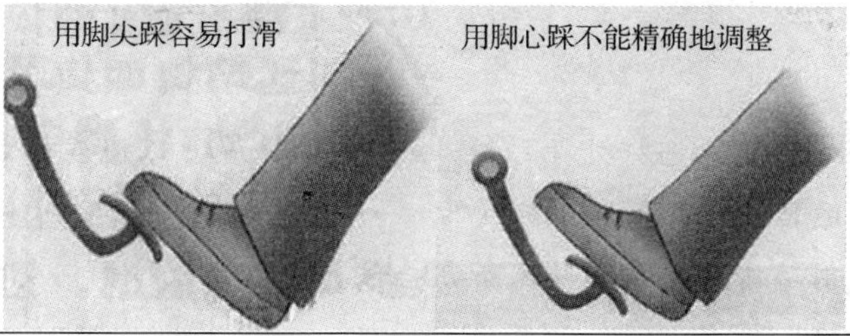

四、驻车制动器

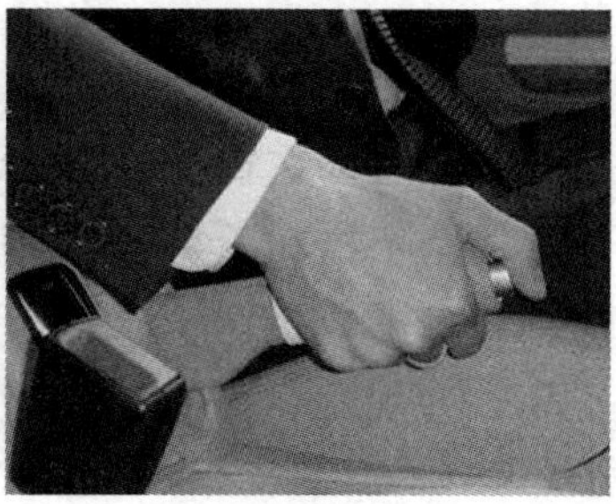

手动驻车制动器操纵杆是驻车制动装置的操纵机件，用于汽车在上坡起步或停车后固定车辆，紧急情况时还可配合脚制动减速和停车。

操作方法是：四指并拢握住操纵杆，拇指按在杆端的按钮上，将杆向上拉起即为制动；先稍拉操纵杆，再压下杆端上的按钮将杆向下推送到底，为解除制动。

五、变速器操纵杆

1. 手动变速器操纵方法

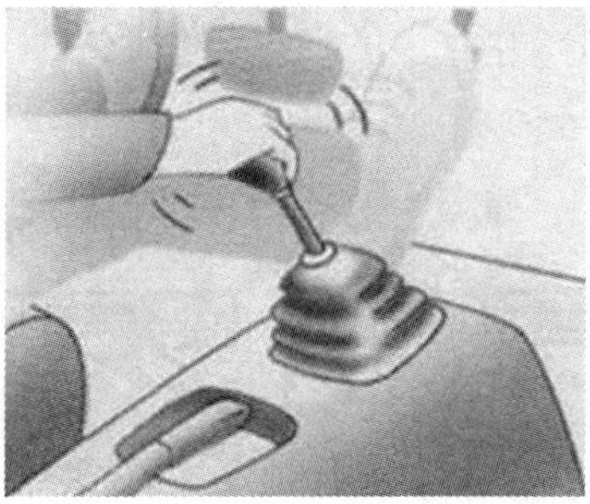

变速器操纵杆简称变速杆，是变速器的操纵机件，用以接合或分离变速器内各挡齿轮，从而改变传递的转矩和转速。

操纵变速杆时两眼应注视汽车行驶的方向，左手握稳转向盘，右手手掌心微贴变速杆球头顶端，五指自然握稳球头，以手腕和肘关节的力量为主，肩关节的力量为辅，按照一定的挡位进行操作。

变换挡位时，应在左脚踏下离合器踏板的同时，右脚松开加速踏板，将变速杆换入所需的挡位。换挡动作要敏捷、准确、柔和，既不可用力过猛，也不可硬拉硬推，以免损伤变速器齿轮。挂倒挡时，应在汽车完全停稳的状态下进行。

2. 自动变速器的操纵方法

(1) 起动发动机时，应把选挡杆置于“P”位，此时变速器输出轴锁止，车辆不会前后移动。

(2) 正常行驶时，选挡杆置于“D”位，先用左脚踩下制动踏板，然后再选择挡位。

(3) 只有在车辆静止、发动机怠速运转时，才能将选挡杆移至倒车“R”挡位置。

(4) 车速低于 5 km/h 或处于静止时，踏下制动踏板，可将选挡杆移开空挡，分别置于 D、2、L 挡位（N 为空挡或怠速挡）。

注意！

起动发动机前，必须使选挡杆处于“N”或“P”位置。以使发动机起动后，车辆处于静止状态，保持怠速运转。

挂挡前应先踏下制动踏板，然后挂入所需挡位。起步前无论如何变换挡位，都必须先踩下制动踏板后进行换挡。

六、转向盘

1. 正确握法

直行时握在转向盘的 3 点和 9 点（时钟）位置上，食指到小指四个手指和手掌自然地握住转向盘，拇指沿着转向盘圆周方向自然地按住，注意不要握死。

2. 转法

(1) 左手为主用力开始转，右手辅助转动。

(2) 以左手为主继续转动。

(3) 左手转动到不能再转的位置后，右手握住左上方，左手松开。

(4) 右手转动转向盘，左手转换姿势，回原位。

3. 转向盘回位要领

(1) 采用与转动转向盘相反的要领，手往相反方向转动。

(2) 利用转向盘自动回正力，自动回位。

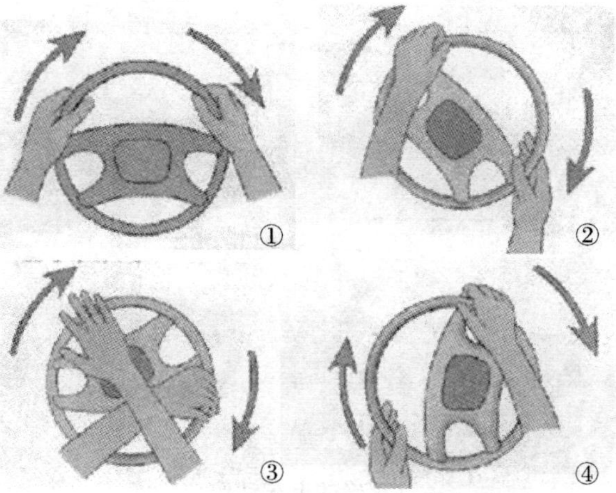

转向盘转法

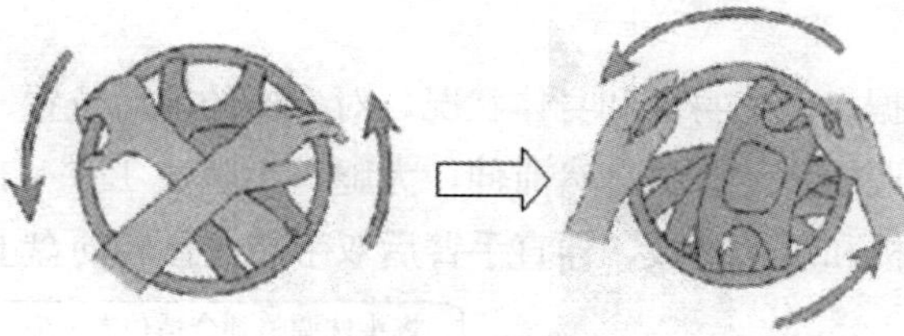

转向盘回位要领

模块 3　汽车驾驶姿势

正确的驾驶姿势能够减缓驾驶员的疲劳，有利于驾驶员操纵各种装置和观察外界情况，也有利于安全、持久地驾驶车辆。

一、上下车动作

1. 上车动作

（1）确认车的前后无人和障碍物。

（2）打开车门，按右脚、腰部、上身、左脚的顺序上车。

（3）关车门。当车门关到离汽车 10 cm 左右，再用力。一定要确定车门关严。

（4）锁车门。驾驶小型汽车，将车门关好后，务必要在车里面锁好车门。不同车辆锁车门的方法各异。

2. 下车动作

下车动作与上车动作相反。但下车开车门时，应运用“两次开门法”：将车门打开至全开位置的一半略停，探头观察后面没有车辆接近、确认无障碍妨碍开门时，再开大车门至自然停止位置，以免与其他行驶的车辆、行人等碰撞。

正确的上车动作

二、调整坐椅

驾驶员上车后应根据自己的身高和身体状况，对坐椅的前后位置、靠背的倾角进行适当调整，使腰部、臀部能靠近椅背，双腿自然前伸，大腿、小腿成 120°～130°夹角，并能够灵活操纵离合器踏板、加速踏板和制动踏板，伸直手臂后双手能握住转向盘上端。坐椅调整方法。

坐椅调整方法

三、调整后视镜

在车辆起动之前，要正确调整左、中、右三个后视镜的角度。

中间后视镜的视角要能够覆盖整个后风挡，在通过中间后视镜向后看时，其中心也应是后风挡的中心。

中间后视镜

左后视镜

右后视镜

左、右两侧的后视镜调整方法一样，通过左、右后视镜观察车后的情况，首先要能够看到一部分车身，确保在侧面后视镜的视角与车尾没有盲区，在消除这个盲区的前提下，后视镜的角度尽量向外张开，以获得更大的视角。

四、系好安全带

在车辆起步之前一定要系上安全带，这是驾驶安全中最为重要的环节，安全带能够有效保护车内人员的安全。普通汽车是三点式安全带，而专业赛车是五点式。

五、正确的驾驶坐姿与操作

1. 驾驶员入座时，臀部应顶住座位角，尽量往里坐。

2. 驾驶员身体应对正转向盘。两手握在转向盘边缘的左右两侧，胸部略挺，两眼平视前方。

3. 两膝自然分开，左脚放在离合器踏板左下方，右脚放在加速踏板上，脚跟应靠在驾驶室地板上。

4. 行驶中换挡、踩踏板及操纵其他机件开关时，不允许低头查看。

注意！

（1）操作转向盘用力不准过猛，不准猛打、急回转向盘。车辆停驶时不得转动转向盘，以免造成机件损坏。

（2）禁止双手并握在转向盘的某一位置，且双手也不能同时离开转向盘。

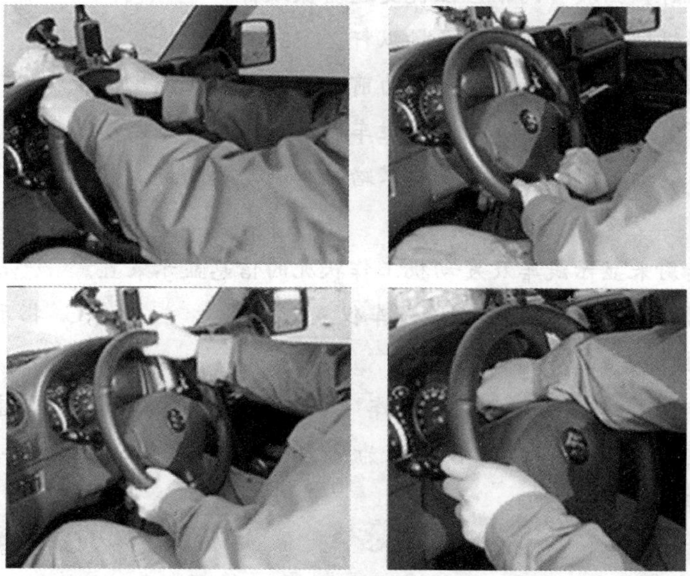

错误动作

复习题

一、判断题

1. 水温表靠发动机水套上的水温传感器提供水温的信号。（　　）
2. 发动机转速表和车速表都是反映汽车车速的。（　　）
3. 发动机转速表是指示发动机曲轴转速的仪表。（　　）
4. 踏下离合器踏板应迅速，并一次踏到底。（　　）
5. 操作离合器踏板时应用左脚脚心。（　　）
6. 以膝和踝关节的伸屈动作踏下或放松离合器踏板。（　　）
7. 离合器踏板抬起的速度，一般在低挡位、慢车速时抬放速度要慢一些，高挡位、快车速时抬放速度快一些。（　　）
8. 离合器无论抬放的速度快或慢，抬放的动作必须连贯。（　　）
9. 驾驶员可以根据自己的自然习惯驾车，不受驾驶姿势的约束。（　　）
10. 起步前应将两侧后视镜调至外侧能观察两侧行车路线，内侧能看到少许车身的角度。（　　）
11. 在平直道路行驶，当道路交通情况不复杂的情况下，双手可暂时脱离转向盘，但要保证行车安全。（　　）
12. 由中速挡换至高速挡可以猛抬离合器踏板。（　　）
13. 技术熟练的驾驶员，可以不使用离合器进行换挡。（　　）
14. 行车时应把脚放在离合器踏板上。（　　）
15. 换挡操作时，驾驶员两眼应注视变速器操纵杆。（　　）
16. 换挡时不得硬推、强拉变速器操纵杆。（　　）
17. 由前进挡变为倒挡，或由倒挡变为前进挡时，须在汽车停止状态下进行。（　　）
18. 为控制下长坡时的车速，应利用驻车制动器代替行车制动器。（　　）
19. 使用气压制动器时，应该用前脚掌踏行车制动器踏板。（　　）

二、选择题

1. （　　）是用来显示汽车及发动机工作状况的信息显示装置。

   A. 转向盘　　B. 汽车仪表　　C. 指示灯

2. 车速表反映的是（　　）的转速。

   A. 轮胎　　B. 汽车　　C. 变速器输出轴

3. 操纵加速踏板时，以右脚后脚跟为支点靠在驾驶室的地板上，脚稍向右倾，用（　　）轻轻踩踏。

   A. 脚尖　　B. 脚心　　C. 脚掌

4. 修正汽车行驶方向时，以（　　）转动方向盘。

   A. 左手为主，右手为辅　　B. 右手为主，左手为辅　　C. 左右手不分主辅

5. 应用左脚（　　）踏离合器踏板。

A. 后跟　　B. 掌心　　C. 前脚掌

6. 使用行车制动器减速、停车时，除紧急情况外，车速要在（　　）km/h 以下，才能踏下离合器踏板。

A. 10　　B. 15　　C. 20

【单元三】

汽车驾驶基本技能

模块 1　发动机起动和熄火

一、发动机的起动和升温

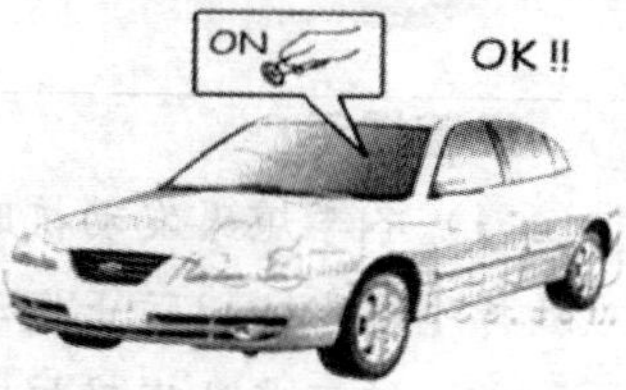

发动机的起动通常有下列三种情况：

1. 当大气温度或发动机温度低于－5℃时为低温起动。
2. 当大气温度或发动机温度高于－5℃时为常温起动。
3. 当发动机温度不低于 40℃时为热机起动。

三种情况的起动顺序见表 3—1。

表 3—1　　汽车发动机起动顺序

顺序			操作内容
低温	常温	热机	
1			关好百叶窗，用热水或蒸汽预热发动机，使发动机温度达 30～40℃
2	1	1	做好日常维护，拉紧驻车制动器，将变速器操纵杆放在空挡位置
3	2		用手摇柄转动发动机 15 转以上，感到轻松为止，严寒季节或车辆长久停驶摇动有困难时，可卸下火花塞摇转
4	3	2	适当拉出阻风门，接通点火开关
5	4	3	踏下离合器踏板，并轻踏加速踏板
6	5	4	用手摇柄或起动机起动发动机（用起动机起动时，每次使用不应超过 5 s，再次使用需间隔 15 s）
7	6		发动机起动后，视情况及时调节阻风门开度，以维持运转和适当升温，并松抬离合器踏板
8	7	5	根据发动机升温程度，逐渐推回阻风门，发动机运转正常，水温达到 50℃以上，方可挂挡起步

温馨提示！

（1）起动发动机前，应先按日常维护的项目做好出车前的检查，如检查机油油量、风扇传动带的松紧度、轮胎气压、蓄电池电解液液面高度等。

（2）起动发动机前，应检查驻车制动器操纵杆是否拉紧，变速杆是否在空挡位置上。

（3）使用起动机时，每次使用不得超过 5 s，两次起动间隔在 15 s 以上。

二、发动机的熄火

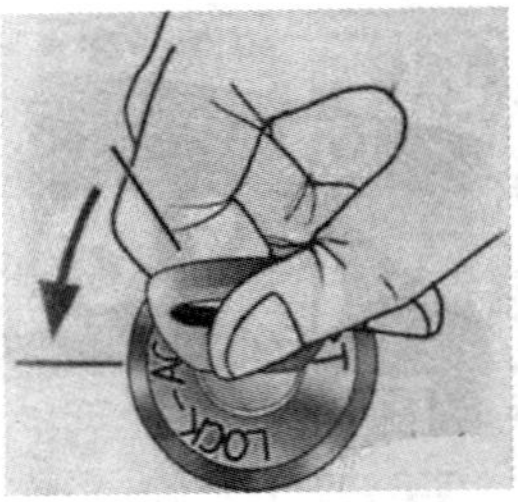

汽油发动机的熄火只需将点火开关关闭即可。在熄灭发动机之前，切勿猛踩加速踏板，以防磨损发动机和浪费燃料。

温馨提示！

（1）冬季熄灭发动机时，应关闭百叶窗。未加防冻液的车辆，较长时间停驶或收车后，应放掉冷却水，以防止发动机缸体、散热器、水泵等机件冻坏。

（2）熄灭柴油发动机时，应先怠速运转几分钟，然后再熄灭发动机。

模块2　汽车起步和换挡

一、汽车起步

汽车的安全起步，是指汽车由静止状态到汽车正常行驶之间的过程。该过程是驾驶员必须掌握的最基本的操作技术。如果操作不当，不仅起步不顺利、车辆抖动，还会造成汽车机件的损伤。因此，汽车起步时应遵循以下必要的操作程序。

1. 踏下离合器踏板

发动机起动运转正常后，用左脚将离合器踏板踩踏到底，使离合器彻底分离。如果离合器踏板未踩到底，离合器将不能彻底分离，发动机输出的动力与变速器之间半联动，若此时换挡，不仅会使变速器发出齿轮撞击的异响，同时还会对机件造成损伤。

2. 挂挡

将变速器换挡杆挂入一挡。如换挡不顺利，可进行第二次换挡，直至顺利完成。换挡动作要求准确、迅速、干脆利落，不要犹豫不决、拖泥带水。

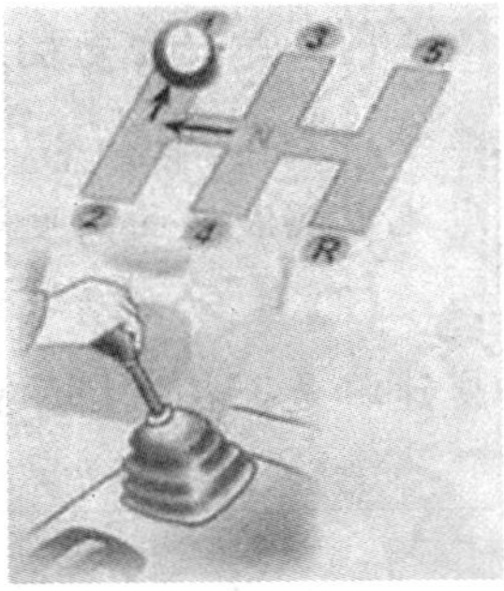

3. 放松手制动

将手制动保险锁松开，放松手制动。若放松不彻底，会产生制动拖滞现象，使汽车不能顺利起步。即使勉强起步，在行驶中也会因手制动拖滞而使车速不能提高，同时还会造成手制动器损坏。

4. 起步

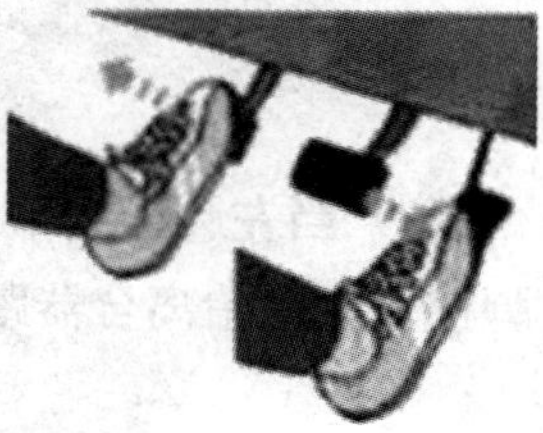

左、右两脚动作方向相反，开始起动时左脚快抬离合器踏板至半联动状态，当听到发动机声音变得低沉，车身稍有抖动时，将离合器踏板在此位置上稍微停顿，缓慢踏下加速踏板的同时，抬起离合器踏板，使车辆平稳起步。

二、汽车换挡

由于道路、交通等情况，汽车在行驶中需要频繁变速。能否及时、正确地进行换挡，与延长车辆使用寿命、节约燃料均有密切的联系。因此，驾驶员应熟练掌握换挡操作。

1. 挡位的区分

中型及以上汽车一、二挡为低速挡，三挡为中速挡，四挡以上为高速挡；小型汽车一挡为起步挡，二、三挡为中速挡，四、五挡为高速挡。*R* 挡为倒车挡。

2. 挡位的运用

（1）低速挡的传动比大、行车速度慢、驱动转矩大、车辆牵引力大，常用于起步、爬陡坡等情况。但低速挡因燃料消耗大，发动机温度容易升高，不宜长时间使用。

（2）中速挡是低、高挡位的过渡挡位。通常在转弯、过桥、会车情况下使用，但不宜用中速挡长时间行驶。

（3）高速挡行驶速度快、牵引力小。高速挡燃料消耗低，发动机磨损相对较小，适用于良好路况下长距离行驶。

3. 换挡方法

由低速挡逐级换入高速挡称为加挡，由高速挡换入低速挡称为减挡，两者的操作方法有所不同。

（1）加挡方法。加挡是指汽车起步后，由低速挡逐级换入高速挡的过程。对于货车，加挡动作一定要在加速踏板、离合器踏板、变速杆的正确配合下进行。加挡过程中，离合器踏板两次踏下、两次松抬的方法称为两脚离合器加挡法。以二挡换入三挡为例说明如下：

1）当左脚第一脚踏下离合器踏板的同时，右脚迅速松抬加速踏板，右手将变速杆从二挡位置推入空挡，左脚迅速松抬离合器踏板。

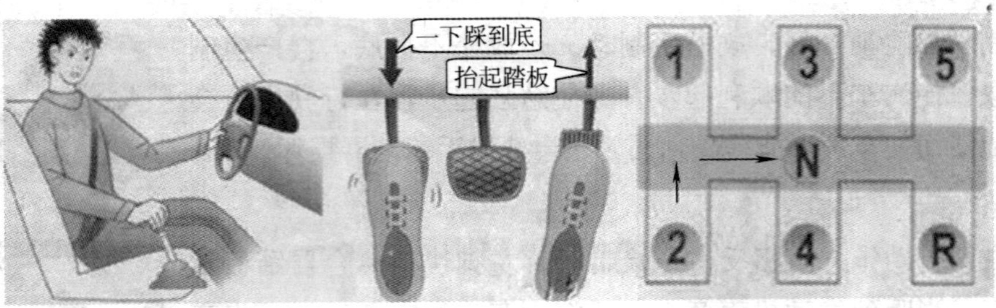

2）当左脚连续第二脚踏下离合器踏板时，右手将变速杆由空挡推入三挡位置，然后左脚按要领松抬离合器踏板，右脚适度地踏下加速踏板，完成两脚离合器加挡。

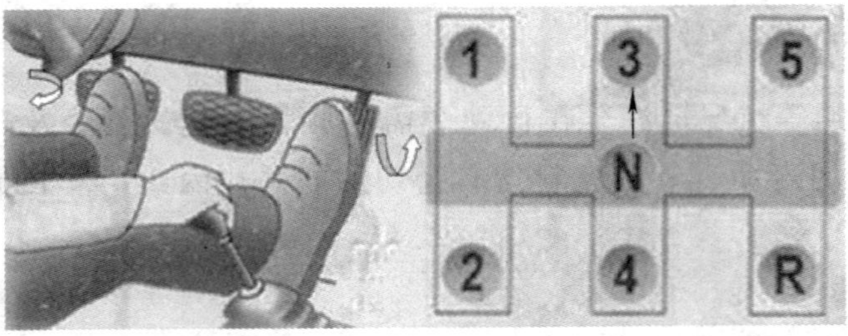

（2）减挡方法。汽车在行驶中遇动力不足需要从高速挡换入低速挡时，应首先抬起加速踏板，同时迅速踏下离合器踏板，将变速杆移入空挡位置，接着抬起离合器踏板，并迅速点踏一下加速踏板，随即踏下离合器踏板，将变速杆换入低挡位，随后，在抬起离合器踏板的同时，踏下加速踏板，使汽车继续行驶。

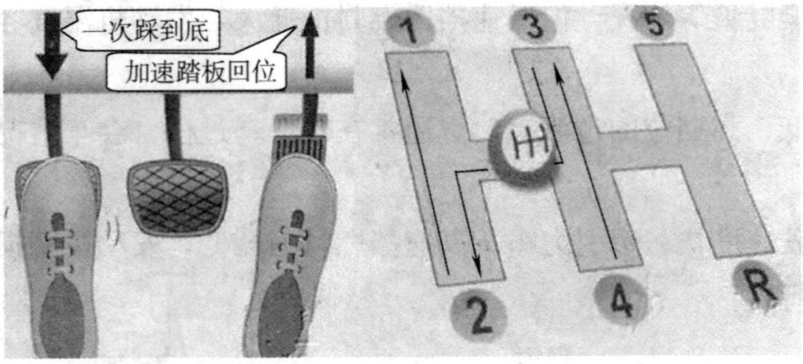

减挡比加挡在操作上增加了在两脚离合器中间加空油的动作。加空油的多少，是减挡的关键，应根据车速、挡位的具体情况灵活掌握，其要领是：在车速同等的情况下，挡位越低，空油应加得越大；在换入同等挡位的情况下，车速越快，空油应加得越大。

4. 换挡的技术要求

（1）应根据需要进行换挡，避免不必要的换挡动作。

（2）应抓住合适的换挡时机及时进行，不过早、过晚换挡。

（3）换挡时加速踏板、离合器、变速杆三者配合正确、协调，做到变速器齿轮无声啮合。

（4）换挡平稳，车辆没有冲动或拖拉降速的感觉。

（5）换挡时动作越迅速越好，因为动作迅速能缩短换挡时间，减少车辆的动能损失，降低燃料消耗。

汽车遇弯道时，驾驶换挡技术，如左图所示。

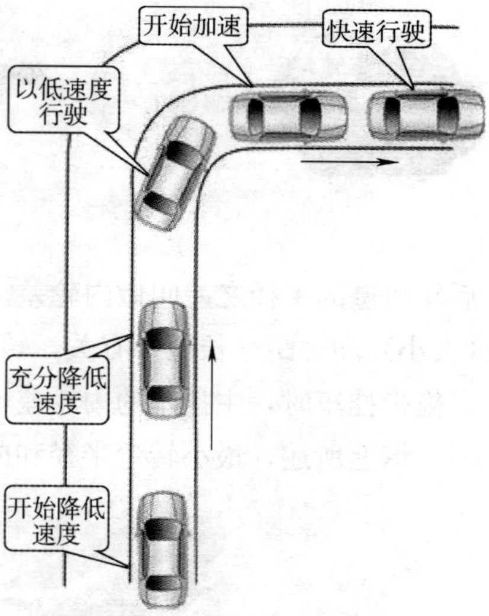

汽车弯道驾驶换挡技术

注意!

（1）换挡时两眼应平视前方，左手握稳转向盘，保持正确的驾驶姿势，不得低头看操作部位。

（2）当挂不进挡或齿轮撞击发出声响时，不得强拉硬推，应再次配合挂挡。

（3）非特殊情况不得越级加挡。

（4）换倒挡时，必须在汽车完全停止后进行。

（5）对装有同步器的大型汽车，为延长同步器的使用寿命，同样要求采用两脚离合器的方法进行换挡变速。

模块3　转向、制动与停车

一、汽车转向

1. 转向的要求

汽车在行驶中会经常改变行驶的方向（转向）。为实现平稳转向，需要对道路的弯度、汽车轮胎行驶轨迹、车体所占空间及车速有充分的估计，并要在不同弯道情况下，掌握好转向的时机，并控制车速。

2. 转向的概念

（1）最小转弯半径。将汽车转向盘向左（右）转至极限位置，握住转向盘行驶，汽车外

侧前轮（转向轮）滚动轨迹圆的半径叫做最小转弯半径。最小转弯半径是表明汽车在最小面积内回转的能力，以及汽车通过狭窄弯曲地带或绕过障碍物的能力。

（2）内轮差。汽车转弯时内侧前轮轨迹和内侧后轮轨迹的半径之差叫做内轮差。内轮差表明了汽车行驶弯道的可能程度，它与汽车的转角（大小）和轴距（长短）有关，转角越大，内轮差越大；轴距越大，转弯时内轮差越大。汽车拖带挂车时，主挂车的内轮差比较大；半挂车前、后轴的内轮差要比拖挂车大。

综上所述，最小转弯半径和内轮差是汽车转向时需要考虑的主要因素。

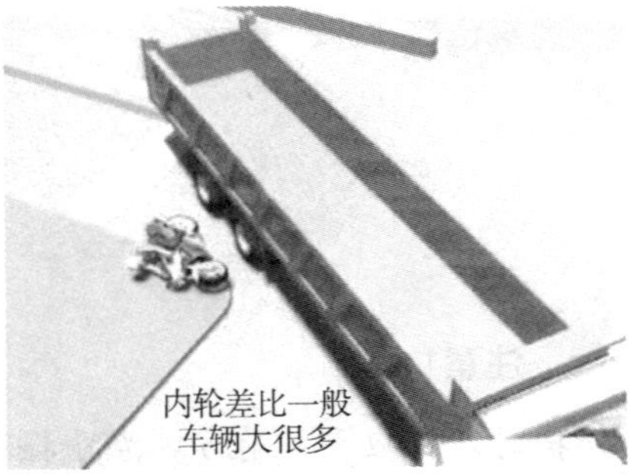

3. 转向灯的使用

（1）向右转弯、向右变更车道、避让超车和靠边停车时开右转向灯。

（2）向左转弯、向左变更车道、超车、驶离停车地点或掉头时开左转向灯。

（3）超车后驶回正常行驶路线时，应开右转向灯。

（4）汽车行经环形交叉路口，进道不开灯，出道时开右转向灯。

二、制动

1. 预见性制动

驾驶员在驾驶汽车时，根据已发现的行人、车辆、地形和交通变化情况，有目的地采取减速或停车的措施，这种措施被称为预见性制动。预见性制动是一种常用的制动方法，可以节约燃油，保证行车安全，避免机件、轮胎受到损伤。

操作方法：当发现情况需要制动时，先放松加速踏板，利用发动机的怠速作用降低车速，再视情况的需要持续或间歇地轻踏制动踏板，使车速逐渐降低或停车。

2. 紧急制动

汽车在行驶中遇到紧急情况时，驾驶员应用正确、迅速、有效的动作使用制动器，在最短的时间和距离内将车迅速停住，以避免事故的发生，这种情况称为紧急制动。紧急制动对汽车机件和轮胎都有较大的损伤，会导致车辆发生侧滑，方向难以控制，容易造成事故。

操作方法：握紧转向盘，放松加速踏板，迅速将脚移至制动踏板并立即将制动踏板一次踏到底，必要时可同时拉紧手动驻车制动器操纵杆，发挥车辆的最大制动效能，迫使车辆尽快停止。

3. 制动注意事项

（1）汽车在高速挡行驶时，要先踏制动踏板，待车速降至 10 km/h 以下时，再踏离合器踏板，这样既能避免发动机熄火，又可发挥较大的制动效能；汽车在低速挡行驶时，可先踏离合器踏板，然后再踏制动踏板，这样既能保持发动机怠速运转，又能使汽车平稳停住。

（2）汽车在狭窄弯道或雨、雪、冰冻、泥泞等路上行驶时，不得紧急制动。因为制动过急，容易使车轮抱死，发生侧滑或倾翻等交通事故。

（3）紧急制动时，应先踏制动踏板，不后拉驻车制动器操纵杆。

（4）除制动器失效，严禁由高速挡直接换入低速挡来代替制动。

（5）汽车涉水或其一侧处在泥泞、冰雪等道路上时，应尽量避免使用行车制动器。

三、停车

当需要停车时，首先选择不妨碍其他车辆通行、交通法规允许停车的地点。

开启右转向灯，松抬加速踏板，观察车前方及道路右侧情况，逐渐踏下制动踏板降低车速，同时将转向盘向右旋转，待车速降至 10 km/h、车身与路肩平行（保持 30 cm 距离）时，踏下离合器踏板，在车辆即将停稳时，逐渐放松制动踏板，使车辆自然平稳地停住。

停车后，应拉紧手动驻车制动器操纵杆，将变速杆放入空挡，关闭转向灯，松抬离合器踏板，关闭点火开关，取下钥匙，下车后锁好车门。

模块 4　倒车与掉头

一、倒车

1. 倒车特点

（1）由于视线受限，不易看清车厢后的道路、障碍及交通情况。

（2）驾驶员控制转向的位置发生了变化，主观感觉操纵汽车不太方便和准确。

2. 倒车的几种方法

（1）注视后窗。左手握稳转向盘上缘，上身向右侧转，下身微斜，右臂依托在座椅右侧靠背的上端，头转向后窗中心，两眼注视后方目标（只要车厢装载低于后窗，均可采取此姿势操作）。选择车库门或停靠位置附近的参照物，根据车厢后挡板中心线或车厢后角与选定目标之间的距离倒车。

（2）注视侧后方。打开驾驶员侧车窗，左手扶在车门框或门内扶手上，右手握稳转向盘上缘，臀部靠住座椅靠背，上身向左斜伸出驾驶室，头向后转并注视车外目标。依据左后轮及车厢边缘与所选目标的距离倒车。

（3）注视后视镜。注视后视镜倒车是间接找目标，其操作动作较前两种难度大，一般只是在道路右侧右转弯倒车的时候采用。倒车时，两手握紧转向盘，身体在驾驶室内坐正，两眼通过后视镜注视目标。常选右侧后视镜中出现的路沿、树木等为目标，依据车身的边缘或右后轮影像之间的空隙进行倒车。

（4）倒车雷达。驾驶员位于驾驶室内的视角比较有限，通过车内和外侧的反光镜可以大幅度提高驾驶员的视野范围，但位于车正后方的障碍物，以及高度不足以通过反光镜看到的或者距离车身过近的障碍物，都可能处于驾驶员的视野死角或者视野模糊区中。这样，小则使驾驶员泊车、倒车感到不便，大则也会带来一些危险。

而倒车雷达能够在这些视野的死角处，通过声音、数据、图像等形式为驾驶员提供信息和警示，使驾驶员对周围障碍物的情况能够有更清楚的了解，对驾驶员的起步、泊车、倒车等起到很大的帮助作用，从而提高驾车的安全性。

液晶显示屏在汽车上的大量应用对倒车起了很重要的作用，通过监视器将车后方的情况以动态影像的形式表现在液晶屏幕上，这就是如今高档车上应用的可视化倒车影像系统。

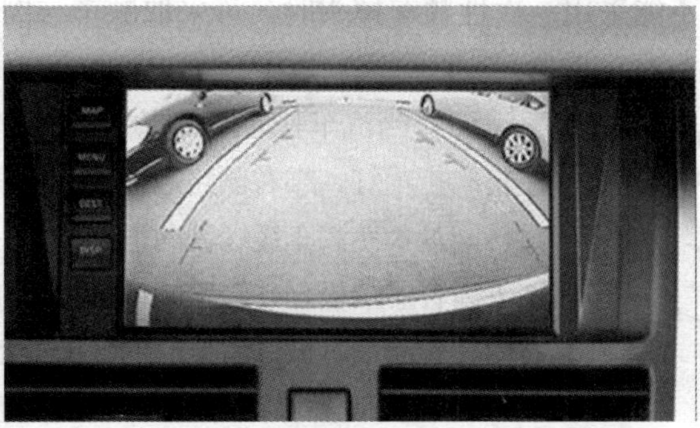

目前，倒车雷达不仅仅局限于监视汽车后方，前后方甚至全方位的倒车雷达也被一些豪华车型所配备。

注意！

（1）倒车时应先看好车后路线，注意障碍物，选好参照目标。

（2）挂入倒挡发出倒车信号。

（3）根据需要选择倒车姿势，用与前进起步同样的方法操作，倒车起步的车速要慢。

（4）倒车过程中要及时修正方向、车速不能忽快忽慢，防止汽车因乏力熄火或倒车过猛造成危险。

二、掉头

汽车向相反的方向行驶称为掉头。正确的掉头方法可以保证行车安全、缩短掉头时间，也会减少对其他车辆的影响。

汽车掉头有一次性顺车掉头和顺车与倒车相结合掉头两种方法。具体采用哪种方法，应由驾驶员在既安全又方便的前提下，根据当时的交通和路面情况进行选择。

1. 一次性顺车掉头

不用倒车就能成功掉头的方式称为一次性顺车掉头。在路宽大于 2 倍汽车最小转弯半径的道路上掉头，应采用一次性顺车掉头的方法。一般来说在 20 m 宽的路上，大型车能一次性顺车掉头，14 m 宽的路上，小型车能一次性顺车掉头。

一次性掉头操作的方法是：

（1）当汽车行驶到距掉头地点 50～100 m 处时，发出掉头信号并开启左转向指示灯。

（2）降低车速将车驶近右侧路边，同时观察前后有无来车，必要时停车观察。

（3）在确认无妨碍汽车掉头的情况后换入低速挡，迅速向左转足转向盘。

（4）待车头掉转 180°即将与道路平行时，迅速回正方向加速前进，此时完成一次性顺车掉头。

2. 顺车与倒车相结合掉头

汽车在较狭窄路段不能采用一次性顺车掉头时，可采取顺车与倒车相结合的方法进行掉头。其操作方法如下：

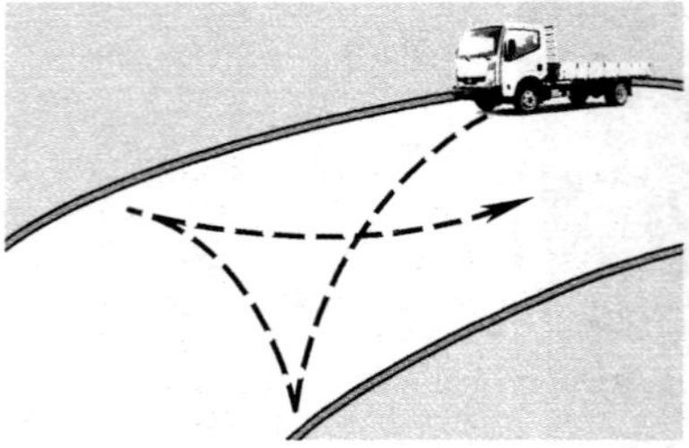

（1）当汽车驶近掉头地点时降低车速，换入低速挡，开启左转向指示灯，靠右侧路边行驶。观察前后情况后迅速向左转足转向盘，使汽车缓缓驶向道路左侧，待汽车前轮接近路边时踏下离合器踏板，并轻踏制动踏板，在车将要停住时，迅速向右回转转向盘，做好后倒时的转向准备，并将车停住。

（2）先观察车后情况，然后起步慢行后倒，并迅速向右转足转向盘，待车辆倒至后轮或车尾距路沿或障碍物约 2 m 时，踏下离合器踏板，轻踏制动踏板；利用停车前的短暂时间，迅速向左转动转向盘，做好前进时转向的准备。此时若能顺车掉头，即可加速正常行驶。

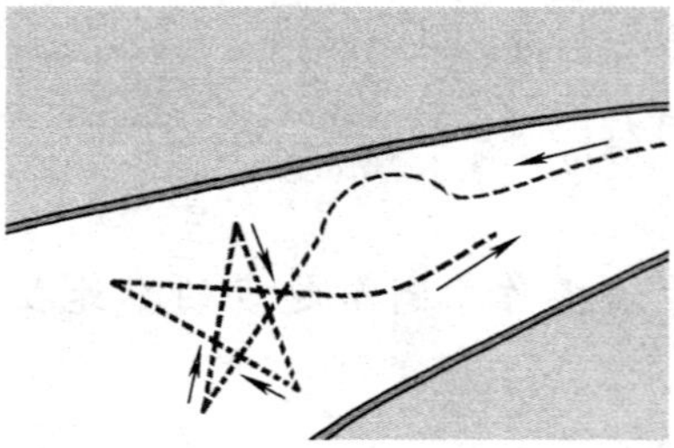

（3）如果经过一次前进和后倒仍不能达到掉头的目的时，可按上述方法再进行 1～2 次，尽量做到多前进、少后退、快转向、慢车速，在车轮停止滚动前，迅速回转转向盘，为后倒或前进创造转向条件。如必须在较危险的地段掉头，车尾应朝向较安全的一边，以确保安全。

模块 5　式样驾驶

一、倒车入库

倒车入库训练在于锻炼驾驶员汽车后倒时的目测能力，进一步掌握对汽车转向盘、离合器等操纵机件的操作技能，从而适应实际驾驶中较窄场地的汽车横放、汽车倒入指定位置、利用交叉路口掉头等情况的需要。

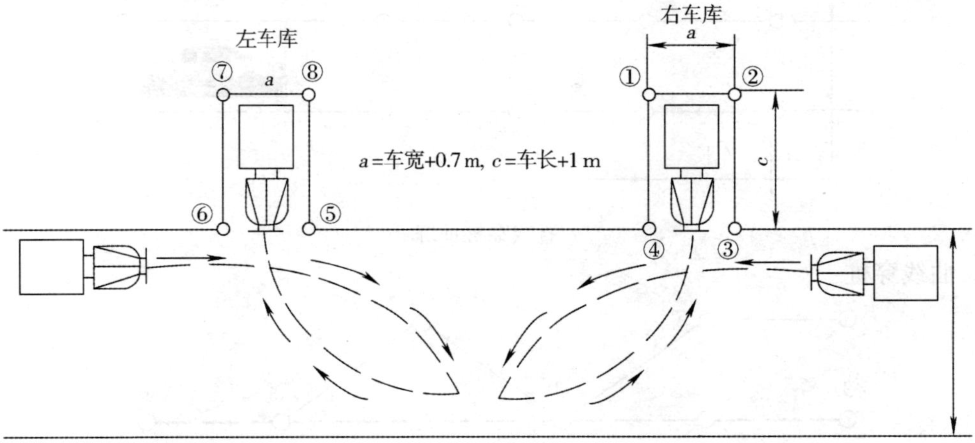

倒车入库训练

1. 汽车倒进右车库

汽车倒进右车库时，车辆沿车库一侧低速行驶，待驾驶员与桩③平齐时迅速向左转足转向盘，若车速较快，转动转向盘的时机可略为提前；反之，可稍加推后。待车头距离左侧路缘线约 1.5 m 时，随即迅速回转转向盘并停车。倒车时，驾驶员通过驾驶室后视窗观察后方情况，以车厢右后角和桩④为目标，两者保持 20 cm 距离为宜，同时兼顾车厢左侧。当后轮在距桩④为 10 cm 时，开始逐渐回正转向盘，取两侧等距离慢慢地倒入车库。

2. 汽车倒进左车库

汽车倒进左车库时，应先使汽车靠车库一侧低速行驶，待车门中缝与桩⑥平齐时，迅速向右转动转向盘，待车头距路缘线约 1.5 m 时，回转转向盘并停车。倒车时以车厢左后角和桩⑤为目标，同时兼顾车厢右侧，直线倒入车库。

二、直线和曲线穿桩训练

直线和曲线穿桩训练是为了适应车辆行驶时路面曲直的变化，从而正确估计各种安全量（前、后、左、右的安全间距），熟练控制转向盘，做到转向稳、准，回转适时，从而为躲避障碍物和通过狭窄地段奠定基础。

1. 直线穿桩

（1）前进。练习直线穿桩时要正确选择目标，平稳把握转向盘，同时兼顾左右桩杆，方向修正要及时、适量，行驶速度应平稳。在熟练掌握前进穿桩的基础上，再练习直线倒车穿桩。

（2）倒车。倒车前，将汽车停正在起步线上，左手握在转向盘上端，上身向右转动，右臂依托在靠背上端，通过后视窗注视汽车后方目标。倒车以后栏板中心线与左右两侧桩杆对称为主要参照。如发现后栏板中心线偏左杆（或右杆）时，应立即将转向盘向右方（或左方）进行修正。方向修正要提前，且幅度要小，倒车速度要均匀。

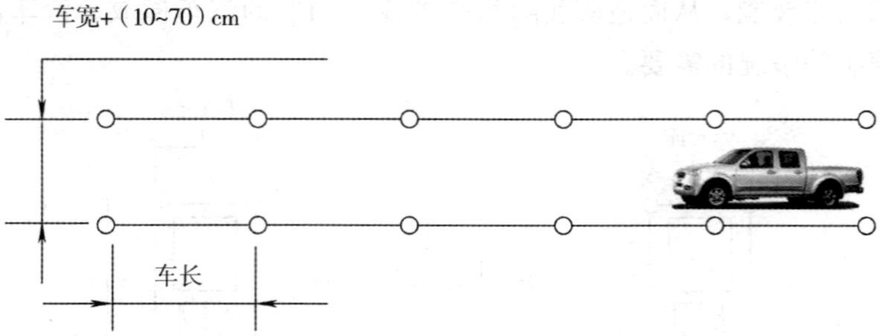

直线穿桩训练

2. 曲线穿桩

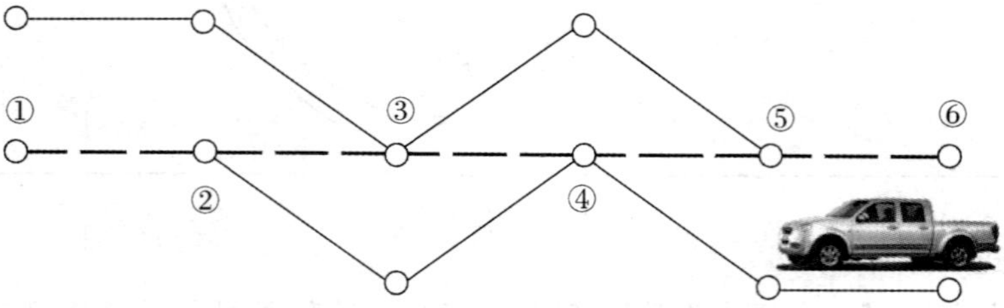

曲线穿桩训练

注：桩①②③④⑤⑥在一条直线上，两桩间隔距离为两个车长、宽度为车宽＋70 cm。

曲线前进穿桩时，要用低速挡紧靠外杆前进，前轮过杆后即适时回转转向盘。两眼目测桩杆变化，及时调整转向盘，并注意前外轮不压线、不擦杆，后内轮不碰杆。

曲线倒车穿桩应以车辆内后角靠近桩杆（这是关键之处），倒至后轴接近桩杆时适度转向，再以下一对桩为目标进行倒车，还要顾及车前轮外侧不碰触桩杆。此练习难度较大，桩宽可设置成先宽后窄。

三、侧方移位训练

侧方移位是指汽车经过两次前进和两次后倒的方法，由甲库（乙库）移至相邻的乙库（甲库）。移库的目的是锻炼驾驶员的目测能力，掌握转向的时机和要领，以提高驾驶技巧，适用于相连的车库和场内车辆的位置调整。

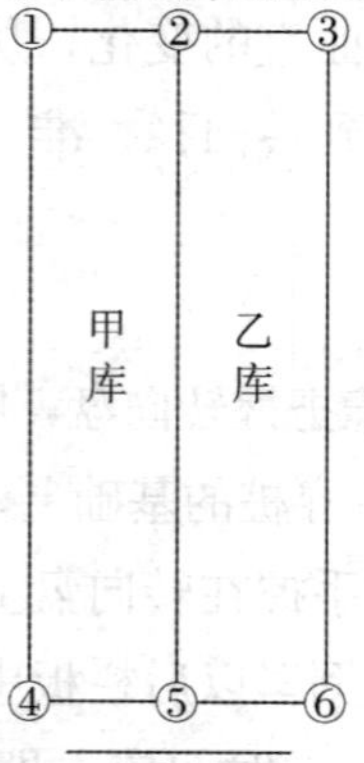

注：1.①④、②⑤、③⑥均为2个车长
2.①②、②③、④⑤、⑤⑥各为车宽+0.7 m；小型车为车宽+0.6 m
3.起点线至④⑤⑤连线为1 m

侧方移位训练

1. 进入甲库

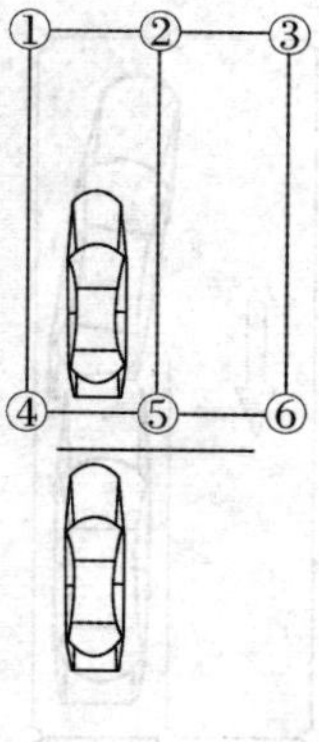

挂低速挡起步后，双眼平视④⑤、①②桩杆居中进入甲库。在车辆驶入甲库过半后，从后视窗观察④⑤桩杆，当看到④⑤桩杆距车身后端约0.2～0.3 m时停车。车辆进入甲库。

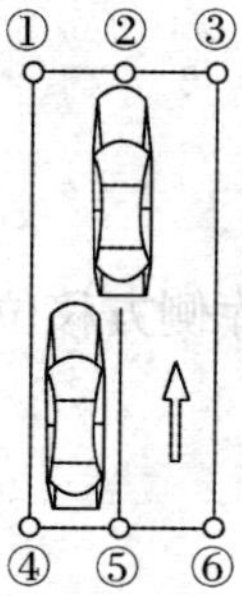

2. 第一次前进移库

挂起步挡起步后，向右迅速转动转向盘至极限位置；当车左前轮压上②⑤桩杆连线时，迅速向左回转转向盘至极限位置；车前端接近②桩杆，且车身趋向正前方时，快速向右回转转向盘，随即停车，停车后车前端距②杆应为0.2 m左右。此时为第一次前进移库。

3. 第一次倒车移库

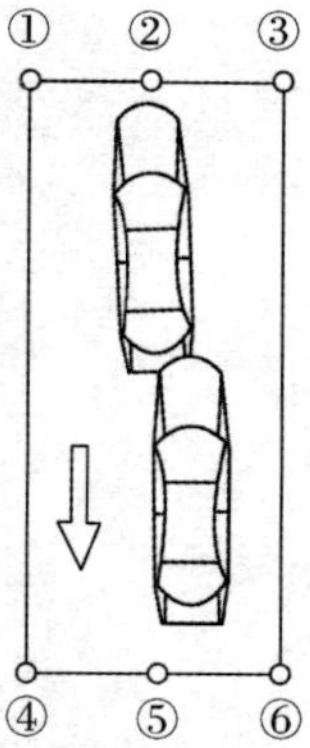

调整驾驶姿势，侧身从后视窗中心观察⑤⑥桩杆，挂倒挡起步后，迅速向右转动转向盘至极限位置；当车尾中部对正⑥桩杆时，迅速向左回转转向盘至极限位置；待车后端接近⑤桩杆且车身垂直于④⑤⑥桩杆连线时，迅速向右回转转向盘，当车后端与⑤桩杆距离为0.2 m左右时停车。此时为第一次倒车移库。

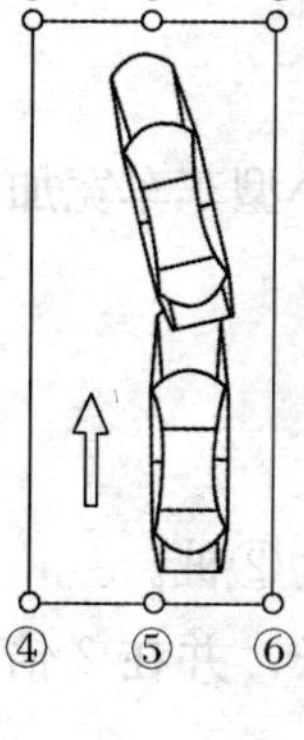

4. 第二次前进移库

起步后迅速向右转动转向盘至极限位置；当两前轮全部进入乙库后，迅速向左回转转向盘至极限位置；当车身前端接近②桩杆，迅速向右回转转向盘，随即停车，停车后车前端距②桩杆距离为0.2 m左右，此时为第二次前进移库。

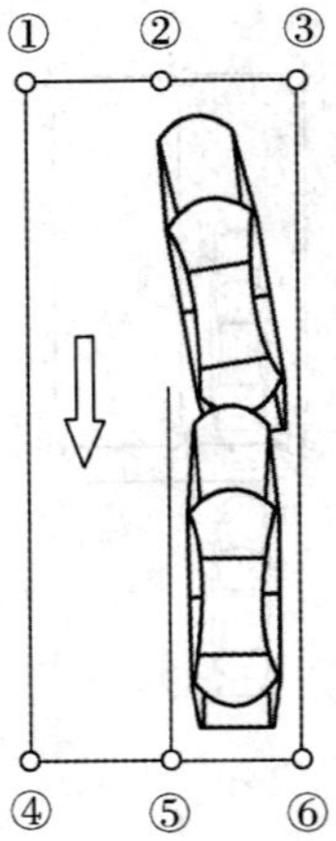

5. 第二次倒车移库

起步前，先观察汽车所处位置，起步后，快速向右转动转向盘（转动量依据车身进入乙库的多少而定）；从后视镜中心点观察车身左后角，移过⑤桩杆 0.2 m 时迅速向左回转转向盘，并观察车后左右角与⑤⑥桩杆连线之间距离的对称情况；待车身趋向正前方时，再向右回转转向盘，保持直线后倒，以车身后端不越出⑤⑥桩杆连线为原则停车。此时为第二次倒车移库。

四、场地综合训练

场地综合训练的内容有：车辆由起点起步倒入甲库停正；经过二进二退由甲库侧方移位至乙库；再由乙库斜出甲库至车道：最后倒车入乙库并出库停车。

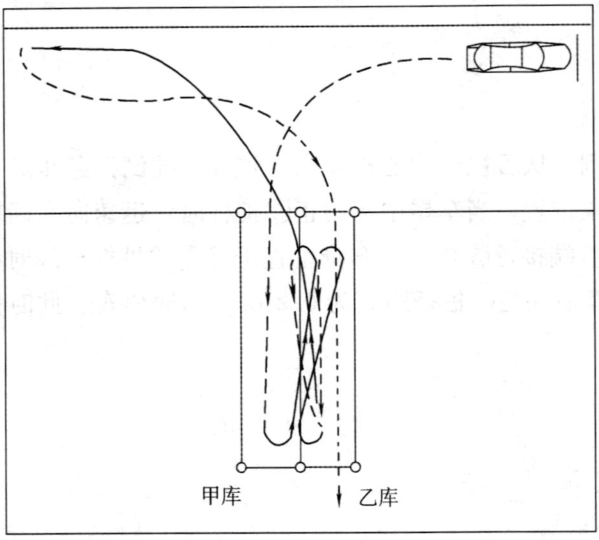

场地综合训练

1. 场地尺寸

库长为车长的 2 倍（前驱动车再加 0.5 m）；库宽为大型车车宽加 0.7 m（小型车车宽加 0.6 m）；道宽为车长的 1.5 倍。

2. 设桩方法

（1）根据车型确定库长、库宽和道宽的尺寸。

（2）以 2 倍库宽做一直线段，线段两端可分别为①桩和③桩，取线段中心为②桩。

（3）以②桩为垂足，做①③线段的中垂线②O，使②O 的长度为 3.5 倍车长，并在 2 倍车长处设⑤桩。

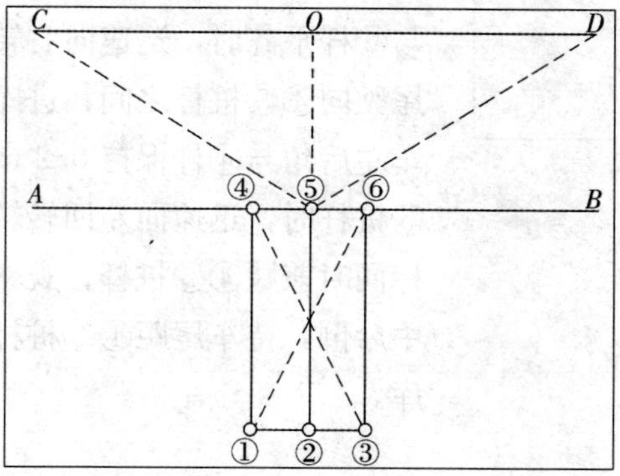

场地综合训练设桩方法

（4）以桩①为圆心、库长为半径画弧，以桩⑤为圆心，库宽为半径画弧，两弧交于一点为桩④。

（5）以桩③为圆心、库长为半径画弧，以桩⑤为圆心，库宽为半径画弧，两弧交于一点为桩⑥。

（6）延长④⑥线段至 A、B 两点，使 A④与⑥B 不小于 1.5 倍车长。

（7）过 O 点作④⑥线的平行线 CD，并使 $CO=OD=AB/2$。

（8）验正桩位。若①⑥和③④两对角线相等，则甲、乙两库规范，否则，应予以修正。测量 C⑤的长度与⑤D 的长度应相等，否则予以修正。

3. 小型车训练

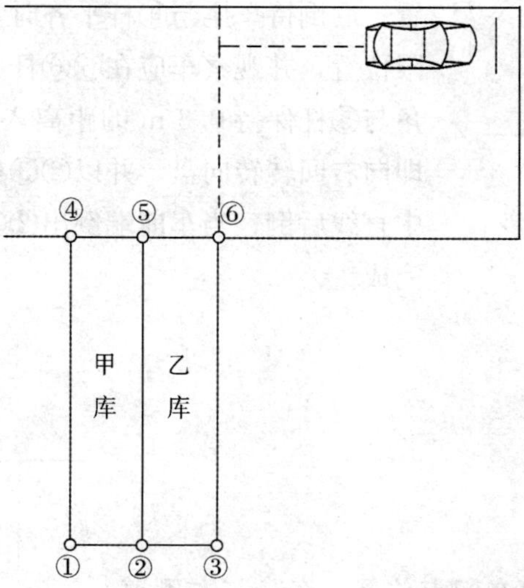

（1）将车停在起点位置，左侧与车道线平行，横向距离约 1.2～1.5 m。

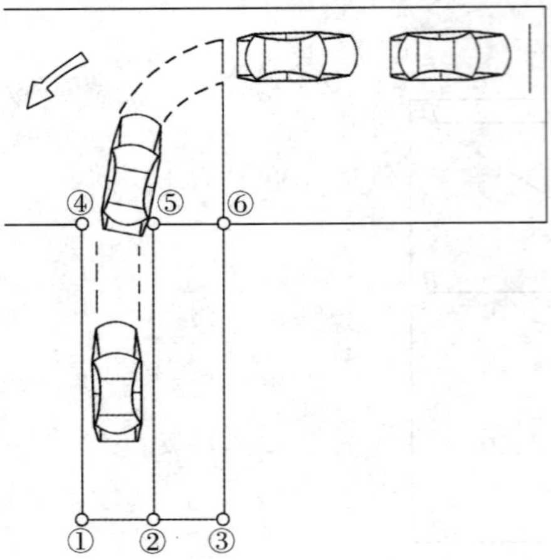

（2）倒车进甲库。挂倒挡起步后，通过后视窗和右侧车门窗观察④⑤⑥桩杆，并直线后倒；待车尾与⑥杆平齐时，迅速向右转动转向盘至极限位置，车尾驶向④⑤桩杆之间；进库前视情况调整转向盘，使车左后角与④杆保持 0.2 m 距离进库，当车尾越过④⑤桩杆时，迅速向左回转转向盘，并以①②桩杆为目标同时兼顾④⑤桩杆；观察①②桩杆，调整转向盘居中后倒，待车尾距①②桩杆 0.3 m 时停车。倒车进甲库。

（3）从甲库侧方移位至乙库（参照上述侧方移位训练）。

（4）前进斜出甲库。挂起步挡，起步后向左适量转动转向盘，然后向右稍回转转向盘，使车身斜穿出④⑤桩杆；待车身右后角驶离⑤杆时，迅速向左转动转向盘至极限位置；再回转转向盘，使汽车与右侧边线平行，且相距约 1.2～1.5 m，停车。此时前进斜出甲库。

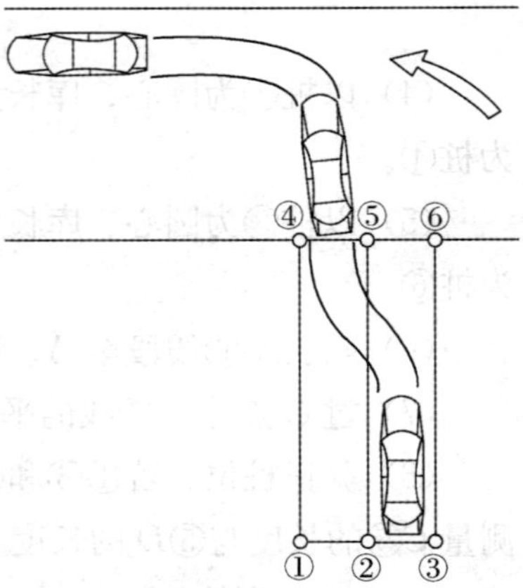

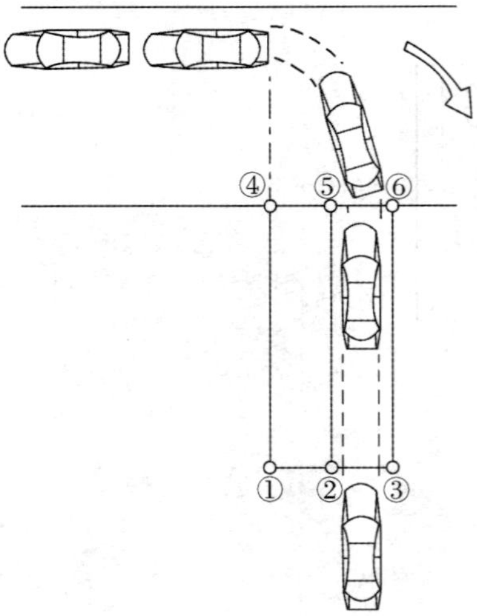

（5）倒车进乙库。起步前通过后视窗观察⑤⑥杆位置；后倒待车尾与④杆平齐时，迅速向左转动转向盘至极限位置，并观察车应在⑤⑥杆中间位置；进库时，车左后角与⑤杆保持 0.3 m 的距离入库；待车尾越过⑤⑥杆时，即向右回转转向盘，并以②③杆为目标，调整转向盘，居中直线后倒；当车前端倒出②③杆后随即停车，整个训练完成。

4. 大型车训练

（1）倒车起点。将车停在起点位置，车身与左侧道线平行，横向距离约 1.5～1.8 m。

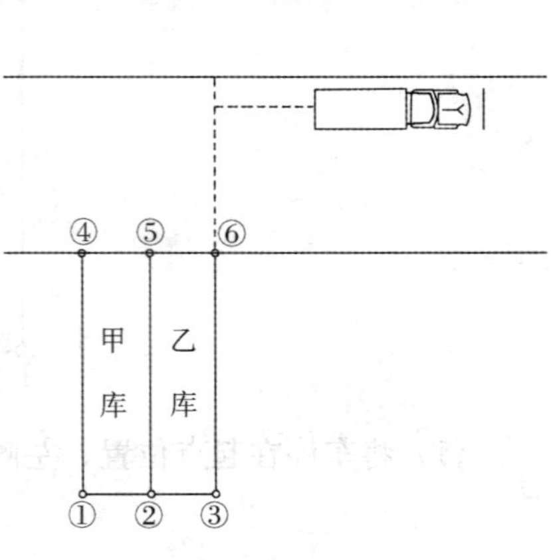

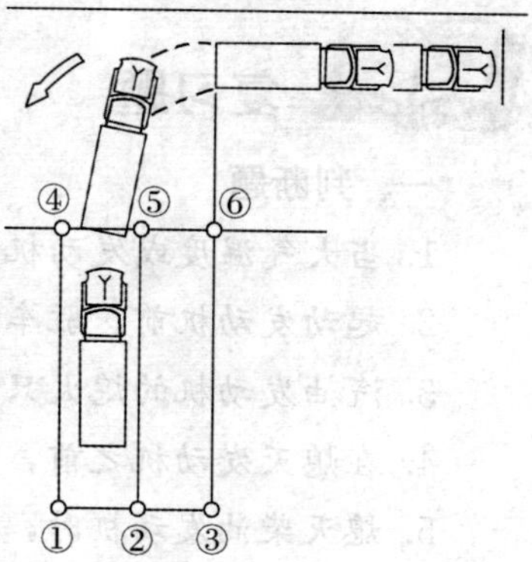

(2) 倒车进甲库。挂倒挡起步后，通过后视窗观察④⑤⑥杆，保持与道宽线平行倒车。当车厢后栏板与③⑥杆延长线重合时，迅速向右转动转向盘至极限位置，车厢右后角成弧线靠近⑤杆；待车厢右后角距⑤杆视觉约 0.3～0.35 m 时，向左逐渐回转转向盘。也可采用观察④杆方法，使车尾厢板左后角成弧线贴近④杆进入甲库。当车厢两后角进入④⑤杆中间，估计右后轮中心线刚过⑤杆时，逐渐回转转向盘，视线转向①②杆；适当调整转向盘，使车辆居中（可稍偏右 0.10～0.15 m）直线倒入甲库，当车厢后栏板平直靠近①②杆时（目测距离 0.30 m），立即停车。

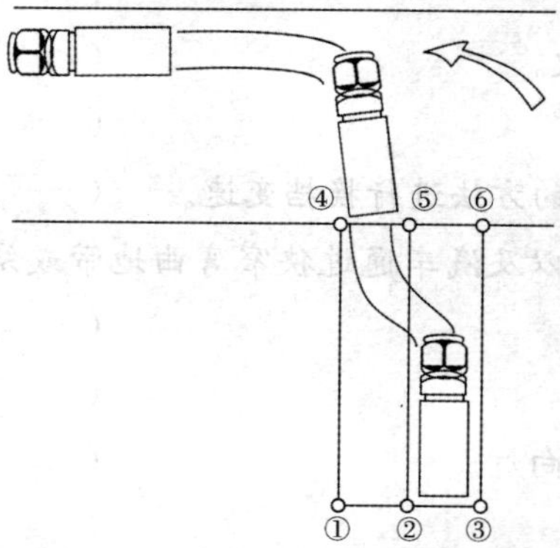

(3) 从甲库侧方移位至乙库（参照侧方移位训练）。

(4) 斜出甲库。起步后，迅速向左转动转向盘行驶，再缓慢向右回正转向盘，使车头驶向④⑤杆中间，此时注意观察左右后视镜与④⑤杆之间的横向距离，尽量取中或略向左偏；使左后视镜与④杆保持约 0.15 m 左右的距离出库，待车厢右后角刚离开⑤杆时，迅速向左转动转向盘至极限位置继续前进；回转转向盘，使车身平行于右侧边线，且车身距右侧边线约 1.5～1.8 m 时停车。

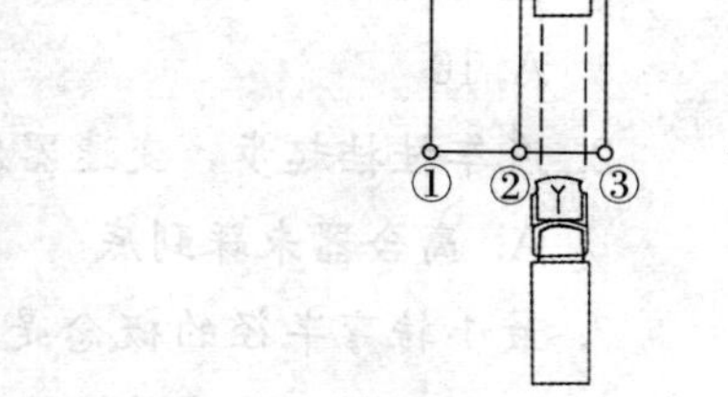

(5) 倒车进乙库。起步前先通过后视窗找准⑤杆位置后直倒；待车后厢板与①④杆延长线重合时，即迅速向左转动转向盘，使车尾逐渐靠近乙库，视线转向⑤⑥杆；保持车厢右后角成弧线贴近⑥杆（或车厢左后角与⑤杆保持约 0.35 m 距离）进入乙库；待车左后轮中线刚越过⑤杆时，随即逐渐向右回转转向盘，视线移至②③杆，观察车位居中后，直线后倒，当前保险杠倒出②③杆时停车，整个训练完成。

注意！

(1) 综合训练的整个过程，必须按照规定的路线行驶。

(2) 车辆任何部位不得越线。

(3) 不得碰杆、擦杆或撞杆。

(4) 不得中途无故停车或熄火。

复习题

一、判断题

1. 当大气温度或发动机温度低于−5℃时为低温起动。 ( )
2. 起动发动机前，驻车制动器操纵杆应放松，变速杆在空挡位置上。 ( )
3. 汽油发动机的熄火只需将点火开关关闭即可。 ( )
4. 在熄灭发动机之前，应踩一下加速踏板，以保证发动机下次起动迅速。 ( )
5. 熄灭柴油发动机时，应先怠速运转几分钟，然后熄灭发动机。 ( )
6. 换挡动作要求准确、迅速、干脆利落，不要犹豫不决、拖泥带水。 ( )
7. 汽车在行驶中，宜用中速挡长时间行驶。 ( )
8. 汽车在行驶中，宜用高速挡在良好路况下长距离行驶。 ( )
9. 当挂不进挡或齿轮撞击发出声响时，应使劲挂挡。 ( )
10. 对装有同步器的大型汽车，不要求采用两脚离合器的方法进行换挡变速。 ( )
11. 最小转弯半径表明汽车在最小面积内回转的能力，以及汽车通过狭窄弯曲地带或绕过障碍物的能力。 ( )
12. 汽车拖带挂车时，主挂车的内轮差比较大。 ( )
13. 向右转弯可以不开右转向灯，向左转弯必须开左转向灯。 ( )
14. 倒车、掉头时不要在汽车未驶动前开转向灯。 ( )
15. 汽车用高速挡行驶时，要先踏制动踏板，再踏离合器踏板；汽车用低速挡行驶时，可先踏离合器踏板，然后再踏制动踏板。 ( )
16. 紧急制动时，先拉驻车制动器操纵杆，后踏制动踏板。 ( )
17. 紧急制动时，可以由高速挡直接换入低速挡来代替制动。 ( )

二、选择题

1. 使用起动机时，每次使用不得超过 5 s，两次起动间隔在（ ）s 以上。

   A. 10　　B. 15　　C. 20

2. 汽车挂挡起步，变速器发出齿轮撞击的响声，有可能是（ ）。

   A. 离合器未踩到底　　B. 齿轮打齿　　C. 机件损坏

3. 最小转弯半径的概念是将汽车转向盘向左（右）转至极限位置，握住转向盘行驶，汽车（ ）滚动轨迹圆的半径。

   A. 内侧后轮　　B. 内侧前轮　　C. 外侧前轮　　D. 外侧后轮

4. 内轮差的概念是汽车转弯时（ ）的半径之差。

   A. 内侧前轮轨迹和内侧后轮轨迹　　B. 内侧前轮轨迹和外侧前轮轨迹

   C. 外侧前轮轨迹和外侧后轮轨迹　　D. 内侧前轮轨迹和外侧后轮轨迹

5. 最小转弯半径和（ ）是汽车转向时需要考虑的主要因素。

   A. 车速　　B. 转向盘　　C. 内轮差

6. 注视后视镜倒车难度大，一般只是在道路（　　）倒车的时候采用。

A. 左侧左转弯　　B. 右侧右转弯　　C. 中间

7. 一次性掉头操作的方法是当汽车行驶到距掉头地点（　　）m 处时，发出掉头信号并开启左转向指示灯。

A. 20～50　　B. 30～60　　C. 50～100

【单元四】

一般道路驾驶

模块 1　道路状况分析

道路上的交通情况千变万化，错综复杂。在行车中，要随时根据车、畜、行人的动态和道路条件，处理各种交通情况。因此，只有掌握各种动态的运动规律，合理地分配注意力，认真观察、分析道路上各种状态，及时、准确、有效地进行判断和处理，才能确保行车安全。

一、行人动态的分析、判断及处理

行人的动态各种各样，而且随时都在变化，要研究和掌握行人的一般规律和特点，以及影响行人动态的各种因素，才能有效地预防行车事故。

1. 正常行人

正常行人靠路边行走，速度均匀，神态自然，看到汽车驶来或听到喇叭声或行驶声，能及时避让。若遇这类行人，可鸣喇叭示意，常速通过。

2. 残疾人

残疾人由于身体有缺陷，行动不便。如盲人看不见路，往往用拐杖探路；聋哑人听不到声音，对汽车的喇叭声毫无反应。截肢者坐轮椅行动慢；有智力缺陷或精神失常的人行为失常，表情木然。观察到这类情况，要做好随时停车的准备，留有较大间距，谨慎通过。

3. 少年儿童

少年儿童缺乏交通常识，见汽车驶来，或四处乱跑，方向不定；或原地不动，不知所措；只顾玩耍不管安全；有的甚至追逐汽车和乱抛石块。行车中遇少年儿童在道路上玩耍时，应提前减速，必要时要停车避让；不能用鸣喇叭的方法驱赶，待情况稳定，方向明确后，低速通过。

4. 老年人

老年人行动迟缓，耳目不灵，遇到应提前减速慢行，耐心等待，缓慢通过。

5. 麻痹大意的行人

有的行人交通意识淡薄，面对驶来的汽车，认为驾驶员定会躲避自己，故无须给汽车让路。遇到此类行人，应及时减速让行，必要时可停车，待机通过，且不可加速强行绕过。

6. 躲避水坑和泥水飞溅的人

这部分行人绕水坑选路或左右躲闪飞溅泥水，因而对驶来的汽车不够注意，在此种路面驾驶时，要从行人的角度出发，临近行人时应减慢车速，防止和减轻泥水飞溅，不要与行人抢占好的路面，确保行车安全。

7. 雨中的行人

人们为躲避风雨，竞相奔跑，往往引起交通混乱；穿雨衣、打雨伞使视线和听力受到影响。遇到此类情况，应及时降低车速并鸣喇叭，随时做好停车准备，小心谨慎地通过。

8. 牲畜过马路

遇牲畜过马路时，驾驶员应格外小心，预防汽车临近时，引起牲畜骚动后乱跑。

二、非机动车动态分析、判断及处理

1. 自行车

(1) 正常骑自行车的人，动作协调，速度均匀，靠道路右侧行驶。驾车遇正常骑自行车的人时，可以提前鸣喇叭，通过时应保持与其有足够大的安全间距。

(2) 青年骑自行车，车速较快，经常互相追逐及猛拐，不注意来往车辆。驾车遇少年、青年骑自行车时，应提前减速慢行，做好随时停车的准备，通过时应保持与其有足够大的安全间距。

(3) 老年人骑自行车，车速较慢，比较谨慎，遇有情况时若避让不及时还会致使摔倒。驾车遇老年人骑自行车时，应提前鸣喇叭，留出充足的避让时间。

(4) 自行车负重或带人，遇有路面情况复杂或上、下坡时，容易跌倒。驾车遇自行车负重或带人时，应及时减速，加大与其的横向间距，并注意观察动态。

(5) 夜间的自行车，由于标志性很差，与车辆同向行驶时，不容易被发现；与车辆对向行驶时，由于车辆的灯光会使骑车人炫目，自行车可能左右摇晃甚至摔倒。夜间驾车遇自行车时，应使用近光灯，同时减速或者停车。

(6) 冰雪路上骑自行车，由于路面湿滑，稳定性很差，经常会突然摔倒。驾车在冰雪路面上遇自行车时，提前利用发动机制动降低车速，多鸣喇叭，保持足够大的安全间距，缓慢通过或停车让行。

2. 人力车

人力车结构简单，速度缓慢，避让车辆不及时。装运长件时，有时会横向扫到路中央；上坡时往往曲线行驶，下坡时则快速滑行。

驾车遇人力车时，注意以下事项：

(1) 提前减速行驶，仔细观察其动态。

(2) 人力车占道时，需要停车让行。

(3) 超越或会车时，需要减速慢行，留出足够的横向安全间距，预防人力车横转。

(4) 在下坡超越后制动或停车时，应留出足够的前后距离，以免人力车不能及时停车而相撞。

3. 畜力车

畜力车为被动控制，速度较慢。牲畜受到意外刺激时，容易发生“惊车”；赶车人常精神不集中，导致畜力车可能占用道路中间或左侧。驾车遇畜力车时，应注意以下两项：

（1）在较远处减速、鸣喇叭，提醒赶车人及早稳住牲畜。

（2）转弯遇到畜力车时，应让出足够的路面，并谨慎驾驶通过。

注意！

不可在临近牲畜时，突然鸣喇叭或急加速，以免发生意外。

模块 2　平坦道路驾驶

一、行驶路面的选择

合理地选择行驶路面，对安全行车、延长轮胎使用寿命、减少机件的磨损及减轻驾驶员的疲劳程度都十分有利。路面的选择应掌握以下原则：

1. 在没有划分道路交通标线的一般道路上，如果没有会车、超车等情况，可选择在道路中间行驶。

2. 在确保安全的前提下，尽量选择坚实、平坦的路面，避开路上的尖石、凹坑等。

二、车速的控制

控制车速的原则应该是在交通法规规定的车速范围内，该快则快，该慢则慢，该停则停。车速的快与慢，在行驶中不是一个确定的数值，要根据具体情况来选择。

1. 一般情况中速行驶

在保证安全的前提下，一般应用高速挡行驶，但油门不要太大，即所谓高挡小油门，尽量使发动机中负荷运转。这样既节约燃料，又有利于安全行车。

2. 汽车性能决定车速

如果汽车性能较好，车辆装载少，在道路条件允许的情况下，车速可略快一些。当装载物品较重时，车速应相应降低。

3. 交通环境决定车速

在通过村镇、集市、交叉路口、行人较多的路段和设有警告标志的地点或在转弯、掉头、雨雪雾天、路面结冰情况下行驶时，车速不应超过 15 km/h；在进出大门口或倒车时，车速不应超过 5 km/h。

三、跟车安全距离

后车在跟随前车行驶过程中，如果跟车间距过小，会因前车突然制动，后车制动不及时而发生追尾事故。跟车间距的大小，主要取决于行驶速度、路面条件、天气、驾驶员的反应能力和技术水平等因素。例如，车速快时，跟车间距就应加大。一般跟车间距应保持 30 m 以上；在市区要保持 20 m 以上；在繁华地段要保持 5 m 以上；在路滑的条件下，距离还应加大，如在冰雪道路上要保持 50 m 以上。

四、会车

1. 汽车在行驶中与迎面的汽车相交驶过时称为会车。会车时，应先看清来车及道路交通情况，选择安全地段会车，同时注意保持安全的横向距离。

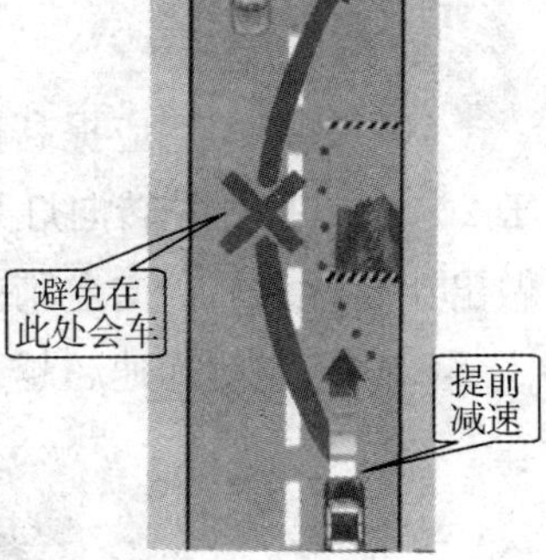

2. 当前方有障碍物时，障碍物一侧道路的汽车应当减速或停车，让对面汽车先行通过。

3. 在狭窄坡道上会车时，下坡车应让上坡车先行。如果下坡车已行至中途而上坡车还未上坡时，应让下坡车先行。

4. 在狭窄的山路上会车，不靠山体一方的车辆应先行。

5. 夜间会车应当在相距对方来车 150 m 以外改用近光灯，在窄路、窄桥与非机动车会车时应当使用近光灯。

五、超车

超越前方同向行驶的车辆称为超车。超车应在高速行驶的条件下进行，其危险性较大，必须具备一定的超车条件才能进行。

1. 超车前的准备

超车前，驾驶员应充分了解本车的加速性能，在确保喇叭、转向灯和前照灯等机件工作正常的情况下，选择平直宽阔、视线良好、左右均无障碍且前方路段 150 m 范围内没有来车的道路，在保证安全的前提下方能进行超越，切忌不顾主客观条件而盲目超越。

2. 超车方法

（1）超车前，应提高车速，向被超车的左侧靠近，缩短与被超车的距离（跟车距离不大于 20 m），打开左转向灯并鸣喇叭（夜间用变换远近光灯示意）通知前车，确认前车让超或做出让超示意后，向左稍打转向盘，与被超车保持一定的横向间距。

（2）从左侧加速超越。超车前应确认前方道路良好，迎面无车辆驶来。

（3）超过后应继续沿超车道行驶，在超过被超车 20～30 m 后，打开右转向灯，驶回原

车道，关闭转向灯。

3. 超车注意事项

（1）超车时，发现左侧有障碍、横向间距过小或对面来车距离很近等意外情况时，要沉着冷静，尽快减速，停止超越。切不可采取紧急制动，以防车发生侧滑、跑偏等现象，从而发生碰撞；也不可存在侥幸心理，强行通过而发生事故。

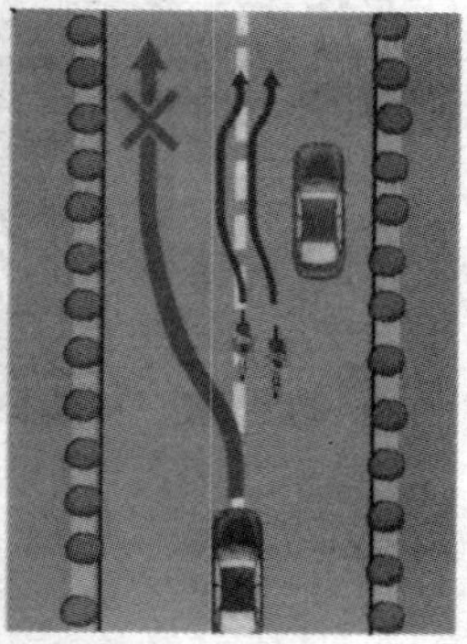

（2）超越停驶车时，应抬起加速踏板，利用发动机牵引阻力减速，多鸣喇叭，加大与停驶车的横向间距，并做好停车等应急准备。要特别注意防止停驶车突然开启车门，或人从车底钻出、从车上跳下，或其他行人、非机动车从该车前侧蹿出。

（3）超越车队时，要在超车视距良好的情况下，加速连续超越。若对面道路来车不能保证安全的横向间距时，应开右转向灯，见机插入车队，待对面车过后再超越车队。

（4）对于不肯让超的车，驾驶员要有耐心，可反复鸣喇叭提醒前车，跟车距离可适当缩短一些，一有机会便快速超越。

注意！

超越后切不可采取报复措施而向右猛打转向盘或进行制动等，以防被超车来不及反应而发生碰撞或操作不当发生翻车等意外事故。

（4）遇见以下情况禁止超车。

前车欲超车时

前车因左转、掉头而变更车道时

从左侧超车可能会妨碍对面来车正常行驶时

进入左侧道路超车，无法保证与前车正常行驶的横向安全间距时

后边来车欲超车时

六、让车

行驶中，当发现后车发出超车信号时，在道路条件许可的情况下，应开启右转向灯，同时减速靠右侧行驶。不要故意不让或只让路而不减速；也不要盲目让车。一旦让车，就应让到底。禁止在让车过程中又超越障碍，这会使超越车辆的驾驶员措手不及而发生事故。遇到这种情况只能紧急减速或停车，待后车超过后，确认无其他车辆接连超越时，再驶入正常行驶路线。

七、车辆转弯

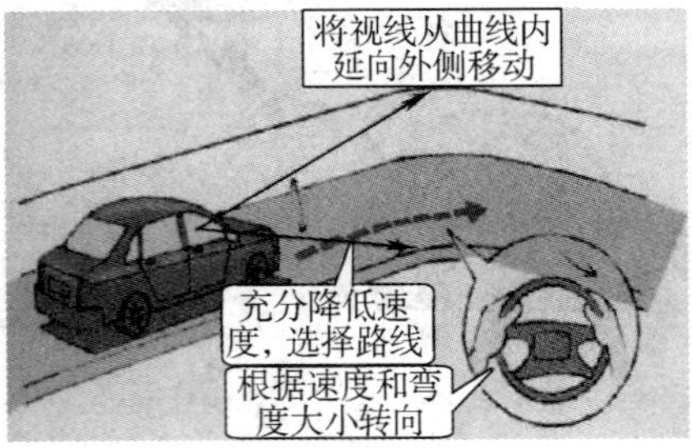

弯道和曲线驾驶最重要的是要正确判断曲线弯度，调整好速度。

1. 曲线情况的判断

（1）在能够看清曲线的地方应该尽量注意看，以便决定行驶位置。

（2）对于看不清的地方，可以降低速度到达白线附近，在变换视线的同时选择行驶路线。

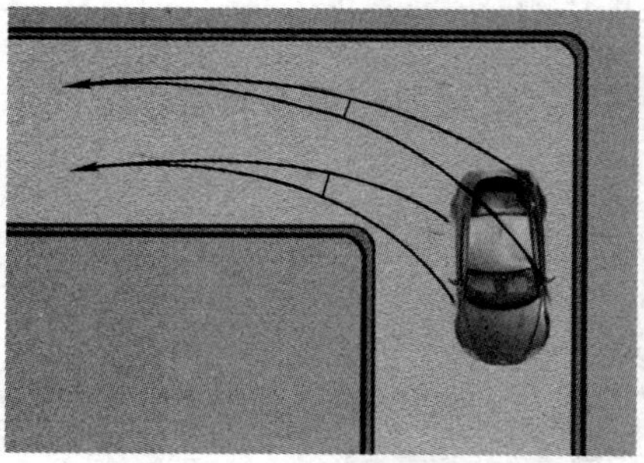

（3）汽车转直角弯时，占道宽度增加（汽车转弯行驶时，后轮比前轮通过的位置靠向内侧）。车型越大，前后轮轨迹相差就越多。所以转直角弯时，一定要注意弯道内侧的后轮。

2. 速度和挡位的选择

（1）充分降低行驶速度是保证弯道驾驶安全的首要保障。转弯速度过快，有可能冲出弯道，或者发生侧滑。

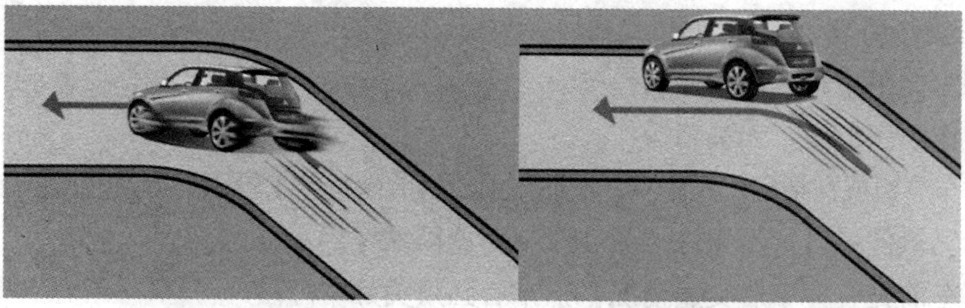

因速度过快而发生侧翻　　　　因速度过快而冲出车道

（2）能够根据弯道情况，选择合适的速度及挡位（尽量采用低挡位）。

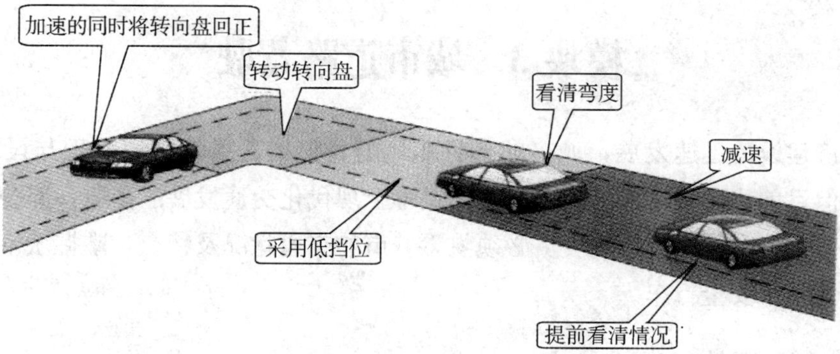

转弯时速度和挡位的选择

八、车辆停放

车辆停放是指汽车在行驶途中临时停车或将车停在停车场内。

1. 停车操作顺序及要领

(1) 在确定停车之前，先放松加速踏板降低车速、同时打开右转向灯示意。

(2) 在接近停车地点前，再踏下离合器踏板，同时转动转向盘，靠近停车地点，并及时回正方向，拨回转向灯，观察好停车位置。

(3) 待车身调直并到达停车地点时，轻踏制动踏板将车停住，然后拉紧驻车制动器操纵杆，挂空挡，放松离合器踏板和制动踏板。

(4) 在停车场需倒车时，必须观察好停放位置和倒车路线，必要时须请人照看、指挥。

2. 停车操作要求

(1) 停车要平稳，无严重冲动。

(2) 操作顺序正确，无漏项操作。

(3) 停车靠边或在指定位置停车，应使车前轮摆放端正，车轮距离道路边沿不得超过 0.3 m。

(4) 车辆未停稳时，不允许拉紧驻车制动器操纵杆。

(5) 下车前先查看车后交通情况，下车后必须关好车门。

(6) 注意将车停放整齐，与其他车辆保持距离，并保证随时可以驶出。

模块 3 城市道路驾驶

随着经济建设的迅速发展，城市的各种车辆与日俱增。虽然交通管理与设施在不断发展、完善，但目前我国城市的交通状况仍然跟不上现代化交通发展的需要，部分道路混合式交通的状况依然存在。因此，驾驶员必须熟悉城市的交通状况及特点，掌握城市驾驶的操作要点，以确保城市安全行车。

一、城市交通的状况及特点

1. 集镇和小城市的交通状况

集镇和小城市的街道比较狭窄，道路交通设施比较简单，机动车、非机动车、行人甚至牲畜在道路上混行，常常会造成交通拥堵。

2. 大中城市的交通状况

大中城市的交通设施与管理比较完善。但人口集中，机动车和非机动车数量较多，车流量大，交通拥堵也时有发生。

二、城市驾驶操作要点

城市驾驶要严格遵守交通规则，注意交通信号和交通标志、标线，正确判断和处理道路上的各种情况，控制车速、谨慎驾驶、保持安全车距，以确保行车安全。

1. 通过集镇和小城市的驾驶

(1) 通过集镇和小城市应减速缓行，谨慎驾驶，多鸣喇叭示意，注意安全。

(2) 行驶中遇有会车应主动减速避让，尽量避免超车。

(3) 停车时应选好地点，尽量避免在集市或道路较窄的路段停车，以免造成交通拥堵。

(4) 遇畜力车时，切勿靠近牲畜鸣喇叭，以防牲畜受到惊吓而引发事故。

2. 大中城市的驾驶

(1) 汽车在不分快慢的车道上行驶时，驾驶员必须遵章守法，认真执行右侧通行的规则，各行其道。在快慢车道行驶分两种情况：一是在无漆化标线的线路行驶时，机动车一般居中偏右行驶，非机动车则紧靠道路右侧行驶。如果因超车、会车等情况，必须占用其他车的行驶路线时，按规定必须让有通行权的车辆先行；二是在只画有中心线的道路上行驶时，机动车应靠中心线侧行驶，非机动车则靠道路右边行驶。

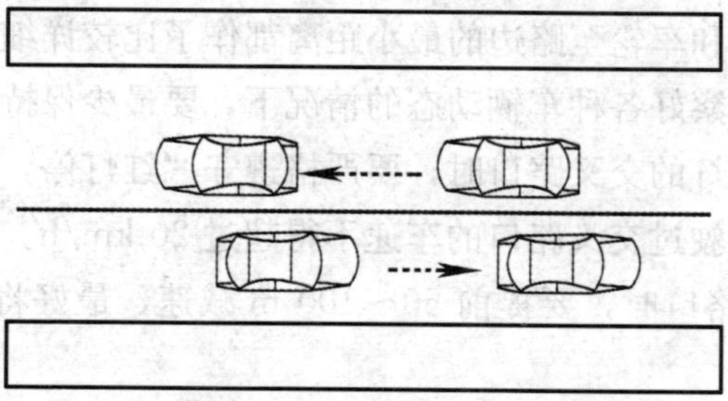

在不分快慢道的马路行驶时应遵循的规则

(2) 汽车在两种车道上行驶时，根据各行其道的原则，机动车和非机动车分别在各自的车道内享有通行权，各种车辆必须在规定的车道内顺序行驶。在通常情况下，不允许车辆越过中心线或压线行驶。若因故借道行驶，不得妨碍该车道正常行驶的车辆。当车辆越过人行横道时，不得妨碍有先行权的行人通行。

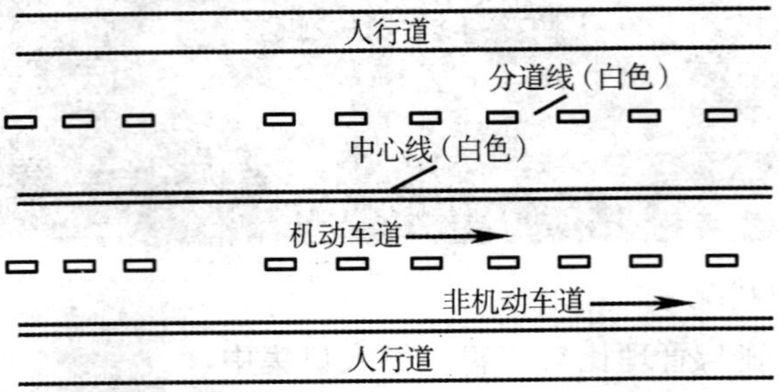

在分快慢道的马路行驶时应遵循的规则

(3) 汽车在三种车道（即画有小型快速车道、大型载重车道和非机动车道）上行驶时，机动车、非机动车都只准在规定的车道内行驶，不准跨线或压线行驶。画有黄色实线处，表示严禁车辆越线改变车道或越线超车。

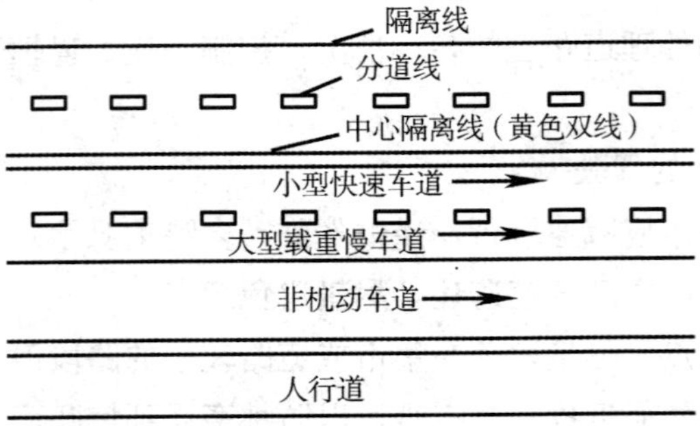

三车道行驶时应遵循的规则

(4) 汽车在城市里行驶时应控制其行驶速度。目前城市交通规则所规定的最高时速，是为我国主要车型的经济速度而制定的。对于通过繁华交叉路口、行人密集地区、铁路和街道交叉地点，转弯、调头、上下桥以及大风、积水、结冰、雾天等能见度在 30 m 以内，行驶中遇有喇叭发生故障或下雪下雨时刮雨器损坏等情况，最高时速不得超过 15 km/h。

(5) 合理控制行驶间距和行驶横向距离。根据我国道路实际情况，交通管理部门对各种不同车速的最小横向距离和车轮至路边的最小距离都作了比较详细的规定。与非机动车间的行驶横向距离，在提前观察好各种车辆动态的情况下，要最少保持 1～2 m 的距离。

(6) 通过有自动信号灯的交叉路口时，要严格遵守“红灯停，绿灯行”的原则。由于交叉路口的视线盲区较大，驶过交叉路口的车速不得超过 20 km/h。

1) 车辆在行近交叉路口时，要提前 50～100 m 减速，最好将车速控制在 5～10 km/h 为宜。

2) 通过有快慢车道或多车道的交叉路口时，均要在离路口 50～100 m 处交换车道。

3）在通过有行人信号灯的人行横道时，被放行的行人在人行横道上享有先行权。通过没有行人信号灯的人行横道时，也必须首先确保行人的安全。

4）被放行的直行车辆与转弯车辆相遇时，直行车辆享有先行权；左转弯的机动车与非机动车相遇时，左转弯的机动车享有先行权。在有交通民警指挥的路口，则应以交通民警的指挥手势为准。

5）在交叉路口遇到红灯时，直行或左转弯车辆应停在停车线外，右转弯车辆在不影响被放行车辆正常行驶、并保证路边行人安全的情况下可以右转弯。

（7）通过环形交叉路口时，在进入环形交叉路口后，所有车辆都要绕到右侧转行，但不用开转向灯。行驶到预定道路，准备驶出路口前，才开右转向灯，然后离开环形交叉路口。在进入环形交叉路口前，应将车速控制在15 km/h左右，并注意来自左方将驶入环岛的车辆；进入环道后，则应将注意力转到右侧向环道内驶来的车辆。

三、立交桥的驾驶

汽车在行至立交桥前，要特别注意指示标志，严格按照指示标志所指的方向或根据立体交叉定型路线行驶。以全苜蓿叶形立体交叉为例，其行驶路线为：

1. 各方直行车辆，可在原行驶车道上直行通过。

2. 各方右转弯车辆，可在接近立体交叉路的第一个右转弯岔路口向右转弯通过匝道，然后进入直行道路。

3. 各方车辆不能直接进入左转弯，必须驶过跨桥或在跨桥下面驶出后，向右转进入匝道，然后再一次右转弯进入直行车道，从而实现左转弯。

4. 若想调头，可通过立交道路连续两次右转弯实现。

立交桥行驶时应遵循行车路线的规则

四、城市道路行车禁忌

1. 忌闯红灯

在城市的主要路口，都设有红、黄、绿交通信号灯，它是按照一定的时间规律进行变化

的。无论什么车，都不准闯红灯，遇红灯亮要将车辆停在停止线（白色实线）以内；绿灯亮时，准许车辆通行，但转弯的车辆要给直行的车辆让路，不得妨碍直行的车辆。黄灯亮时，不准车辆通行，但已越过停车线的车辆可以继续行驶。当黄灯闪烁时，车辆行人都必须格外小心，注意在确保安全的条件下通行。

2. 忌随意鸣喇叭

为了减少城市的噪声，许多大城市规定在市区内某些路段禁止鸣喇叭，且设有禁鸣喇叭标志。即使是允许鸣喇叭的路段，喇叭的音量也要控制在 150 dB 以下，每次鸣笛不得超过半秒，连续鸣喇叭不许超过 3 次，也不允许用喇叭唤人。

3. 忌随意压线

城市的交通标志、标线很多。路面上的白色线叫做交通标线，有的线可以压，有的线不可以压。道路中心的单实线、双实线（白色或黄色）是不能压的。道路中心的虚线，仅在超车和转弯时可以短时间压线，也可以越线行驶。

4. 忌随意停车

城市里停车有许多规定，违反了这些规定，便会影响交通安全。因此在城市内停车时，应注意以下几点：

（1）在道路上临时停车，要按顺行方向靠道路右边停车，当妨碍交通时必须立即离开。

（2）车辆没有停稳前，不能打开车门让乘员上、下车。开车门时，要确保不碰到后边跟近的骑车人或行人。

（3）在设有人行道护栏出口处、人行横道上、施工地段、障碍物对面，不准停车。

（4）交叉路口、铁路道口、弯路、窄路、桥梁、陡坡隧道以及距离上述地点 20 m 以内的路段，不准停车。

（5）公共汽车站、电车站、急救中心、加油站、消防栓、消防队驻地门口、公安局门口及距离上述地点 30 m 以内的路段，不允许停车。

（6）在恶劣天气（如遇大风、雨、雾天）和夜晚于路上停车时，应开示宽灯。

5. 忌随意掉头

在掉头前，一定要确认前后没有车辆才可实施掉头，并且遵守下列地点不允许掉头的规定：铁路道口、人行横道、弯路、窄路、桥梁、陡坡、隧道或容易发生危险的路段，不许掉头。

6. 忌随意倒车

在城市街道上倒车时，必须查明情况，在确认安全后才能实施倒车。但在下列地段不许倒车：铁路道口、交叉路口、单行线、窄路、桥梁、陡坡、隧道、交通繁忙的路段等。

模块4　一般山路驾驶

一般山路较平路路况差，路面窄，弯路、坡道较多，视线不佳，行车难度较平路大。因此，要采取合理的驾驶方式，正确地使用各操纵机构，准确地判断道路情况，谨慎驾驶，保证车辆的正常行驶。

一、上坡

汽车上坡行驶时，比平路行驶时需要更大的动力。提高挡位，速度提高，动力减小；降低挡位，速度降低，动力增大。因此选择适合纵向坡度的速度和挡位是非常必要的。挡位选择不好，可能会引起汽车爬坡中途熄火。

1. 汽车爬缓坡

在确认前进方向的坡道的同时，从平缓坡段开始加速，利用汽车惯性冲出坡道。

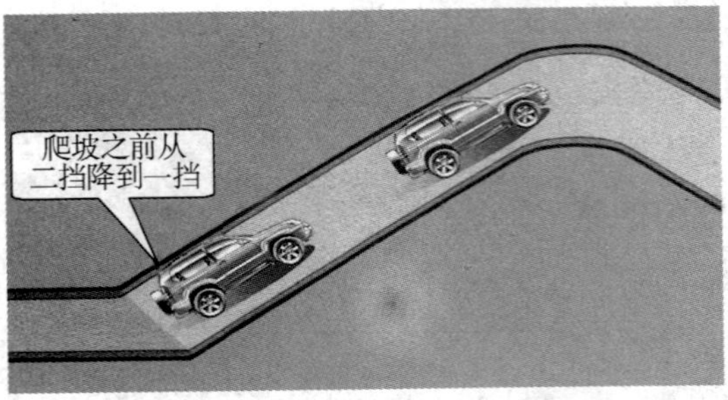

2. 汽车爬陡坡

爬坡之前将速度降低，用低挡位爬坡。

3. 接近坡顶

当接近坡顶时，视线差，行车危险。要注意安全慢行，随时准备停车。

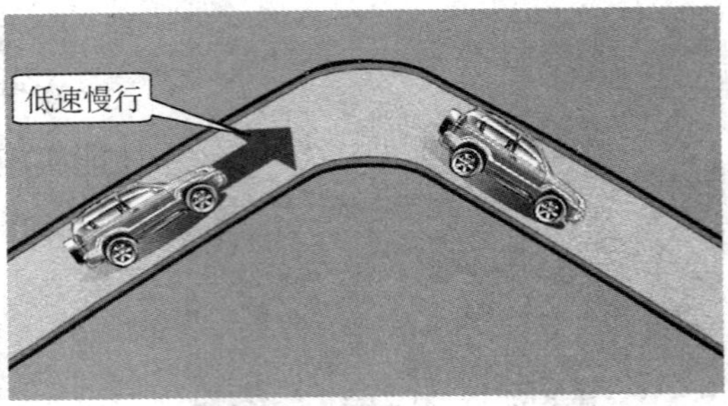

二、下坡

1. 速度不太快时就开始制动。
2. 挂一挡。如果行车速度不快，再降低一个挡位。
3. 比较长的下坡路段主要依靠发动机制动，以脚制动作为补充。

一般山路制动下坡驾驶要领

三、坡道停车

在坡道上停车时，应提前选择好停车地点，并逐渐将车驶向道路右侧，用行车制动器使车辆平稳下降，待达到预定地点将车停住。

1. 上坡停车

汽车上坡行驶时，由于坡度阻力，车速自然会降下来，与平缓路段相比较只需轻轻制动。停车后用力踩踏制动踏板，防止汽车向后滑行。

与前车排队时，因为前车有溜车的可能性，因此要保持一定车距。

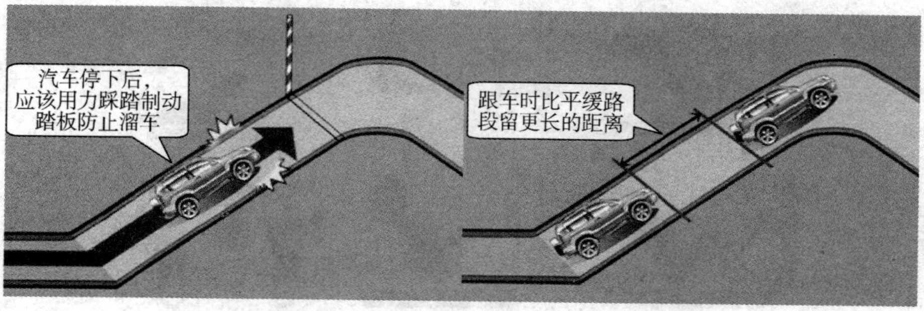

一般山路上坡停车驾驶要领

2. 下坡停车

下坡行驶时，在重力的作用下速度会逐渐提高，比平缓路段需要的距离长。因为速度逐步增加，应尽早踩踏制动踏板。

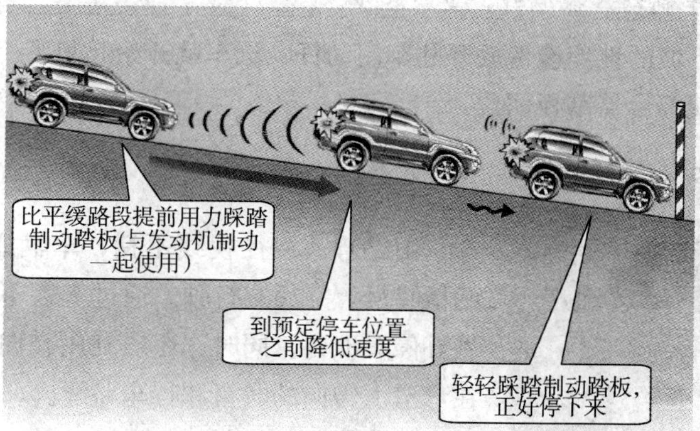

一般山路下坡停车驾驶要领

温馨提示！

坡道上停车须做好三件事：

(1) 拉紧驻车制动器操纵杆。

(2) 将变速器操纵杆挂入低速挡或倒挡（上坡车挂一挡或二挡，下坡车挂倒挡）。

(3) 用三角木等其他硬质物塞住后轮，以防发生溜车。

四、坡道起步

上坡起步时，除按一般道路起步要领和程序进行外，应注意驻车制动器操纵杆、离合器踏板和加速踏板三者的密切配合。

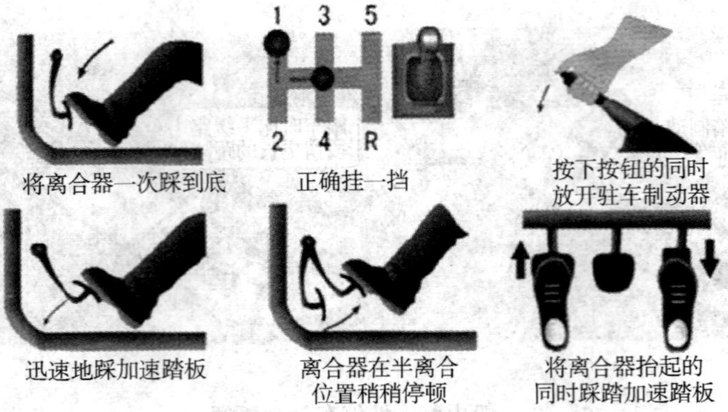

一般山路坡道起步驾驶

> **温馨提示！**
>
> 若因动作配合不当使车辆后溜或发生熄火时，应立即踏下制动踏板和离合器踏板将车停住，随后拉紧驻车制动器操纵杆，重新起步。

下坡起步利用下坡的坡度慢慢放开驻车制动杆，汽车就开始起步了。起步后选择适当速度的挡位，轻抬脚使离合器踏板回位。

五、山路转弯

山路弯道往往视线不良，车辆通过时应适当减速，酌情鸣号，并靠右行驶。通过弯度不清的弯道，应随时做好停车准备。同时，还应利用转向盘合理地控制车辆在弯道上转向的时机和行车路线。

1. 进入弯道前应提前减速，间断性地鸣喇叭，沿道路右侧行驶。如尾随前车行驶，应加大纵向间距。必要时可在转弯前换入低速挡，尽量避免在转弯过程中换挡，以免影响双手操作转向盘。

2. 左转弯时，车辆应提前靠右行驶，待行至看清前方无来车时，方可居中行驶；右转弯时，应待车辆驶入弯道后再逐渐靠右，靠右过早，易使车辆右后轮偏出路外，或迫使车辆被迫驶向路中影响会车。

六、一般山路行车的注意事项

1. 上、下坡道过程中，原则上不准超车，必须超车时，首先观察前方道路情况，选择较平坦、宽阔的路段，谨慎超越。超车过程中，应控制侧向安全距离，并注意道路两侧及上方的低空障碍物。

2. 坡道让车时，必须注意道路右侧的情况，如条件允许，两侧要留出足够的安全间距靠右边让超。

3. 一般山路上拖拉机、非机动车和行人较多，而且交通秩序比较混乱，山区人们的交通安全意识较淡薄。因此，行车中更要注意观察各种交通动态，掌握特有的行动规律，适当控制车速。

4. 穿越起伏连续的坡道时，应根据道路上的交通及地形情况，在行至坡顶时松抬加速踏板，利用惯性下坡，待行至将近坡尾时，适当加速冲上第二个坡顶，严禁脱挡滑行。

复习题

一、判断题

1. 遇儿童和大人在道路两侧时，应急促鸣喇叭，加速通过。（　　）
2. 凡遇到鸣喇叭毫无反应的行人，就应考虑到是盲人的可能性，要尽快减速，从其身旁较宽的一侧缓慢通过。（　　）
3. 遇精神失常的人，应本着人道主义精神，设法低速缓绕而行，不应对其恫吓或用武力驱赶。（　　）
4. 遇有骑自行车人攀扶车辆时，应加速将其甩掉。（　　）
5. 会车时可不提前减速，加速在道路中线高速行驶，在两车相近时向右转动转向盘。（　　）
6. 超车时，可从右侧加速超越，超越后，随即驶入正常路线。（　　）
7. 行车中突然遇到对方车辆强行超车占据自己车道时，应用灯光等方法示意其迅速让出车道。（　　）
8. 下坡时，应提前换入高速挡，必要时，可根据坡道情况，以轻踏制动踏板辅以制动。（　　）

二、选择题

1. 遇有（　　）行动迟缓，耳目不灵，应提前减速慢行，留有一定的安全距离。
   A. 老年人、残疾人　　B. 儿童　　C. 中年人
2. 行车中遇少年儿童在道路上玩耍时，（　　）。
   A. 要迅速通过
   B. 提前减速，必要时停车避让
   C. 鸣喇叭警告，正常通过
3. 遇有骑自行车人超越行驶或互相追赶时，精神过分集中，易失去身体平衡，以致横

滑摔倒或其他车辆相碰撞，须与其（　　），避免并行，以免发生事故。

A. 靠近行驶　　B. 错开行驶　　C. 并排行驶

4. 驾驶员驾车行进中遇有骑自行车人横穿公路时，应（　　）。

A. 前方绕行　　B. 后方绕行　　C. 减速让过

5. 遇有骑自行车人攀扶车辆，此时车辆驾驶员应（　　）。

A. 加速甩掉　　B. 迅速停车　　C. 平稳停车

6. 行车中遇到畜力车时，应（　　）。

A. 鸣号示意让路　　B. 尽量少鸣喇叭　　C. 不准鸣喇叭

7. 超越顺行成队的畜力车时，应观察（　　）宽窄，对方有无来车，是否有足够的间距等情况，方可超越。

A. 畜力车　　B. 本车　　C. 路幅

8. 遇畜力车在转弯时，应提前减速，观察畜力车的（　　）和去向，切不可抢行。

A. 速度　　B. 占位　　C. 动向

9. 在没有画中心线的道路上，驾驶员遇到对面车在较近距离内超车时，（　　）。

A. 应靠右减速慢行，做好停车准备

B. 鸣号示意对面车不要超车

C. 示意对面被超车不要让路

10. 行车中突遇对方车辆强行超车，占据自己车道，较好的处理办法是（　　）。

A. 立即停车

B. 用灯光等方法示意其让出车道

C. 尽可能让出车道

11. 超越停驶车辆时，应（　　）。

A. 加速超过　　B. 减速鸣号，注意观察　　C. 停车瞭望，再超越

12. 高速行驶中遇后车跟车很近时，应（　　）。

A. 加速甩掉　　B. 照常行驶　　C. 开右转向灯让后车先行

13. 在一般下坡道上临时停车时，（　　）。

A. 应使发动机熄火，拉紧手制动器，将变速杆挂入倒挡

B. 应使发动机熄火，将变速杆挂入一挡

C. 拉紧手制动器，可以不熄火，将变速杆放在空挡

14. 汽车掉头应选择（　　）。

A. 交叉路口、工厂门口

B. 广场、停车场

C. 道路较宽、交通流量较小的地方

15. 行车中遇到较多的自行车时，采取的最佳措施是（　　）。

A. 注意观察动态，减速缓行，留有足够的安全距离

B. 让车先行

C. 鸣号并加速超越所有的自行车

16. 进入环岛路口应按（　　）方向行驶。

A. 逆时针方向

B. 顺时针方向

C. 逆时针、顺时针方向都可以

【单元五】

复杂山路、夜间、重车、高速公路驾驶

模块1　复杂山路驾驶

复杂山路多在高山峻岭之中，顺着地势修筑而成，坡长且陡；盘山绕行、迂回曲折，急转弯较多，路面狭窄；且复杂山路中隧道和桥梁较多；同时复杂山路也因受地理环境和气候影响，危险路段较多。

一、做好复杂山路驾驶的准备

1. 检修车辆，确保各部分机件技术性能完好，特别是传动、转向、制动及车轮等，技术状况必须可靠。

2. 配备必要的随车物资，如随车工具与防雨雪设备，以及冷却水、润滑油、制动液、易损件和三角木，防滑链条、镐、铲等。

3. 了解和掌握山路的情况、天气变化和沿线的加油站、食宿站的分布。

4. 最好结伴而行。山路偏僻，人烟稀少，若长途行驶应结伴同行，行车中首尾车辆应设明显标志。

5. 根据长途行车中气候变化的情况，做好人、车的防寒与防暑准备，备好衣物、食品等生活上的必需用品。

二、复杂山路的驾驶

1. 上坡驾驶

上陡坡时，必须根据坡道情况选择适当的挡位，尽量用低挡上陡坡，这样能使发动机保持足够的动力。当动力不足时，应迅速减挡，切不可强撑上坡以致造成拖挡熄火。如错过换挡时机，可越级减挡。若遇换不进挡或发动机熄火时，应立即联合使用行车与驻车制动器强行停车，然后重新起步。

当坡度太陡，车辆动力不足而通过困难时，应卸下部分货物，或让其他乘员持三角木，随车走在靠山一侧的后轮旁边，待车辆接近停住时，迅速将三角木（石块等）垫入车轮后方，抵住轮胎防止车辆后溜。在冰雪、泥泞等湿滑的坡道上行车，遇有前车正在爬坡时，后车应选择适当地点停车，等前车通过后再爬坡。

2. 下坡驾驶

下陡而长的坡道时，一般选择与上该坡同级的挡位，以便运用发动机控制车速，并要合理使用制动器稳定车速（30 km/h）。

温馨提示！

汽车上长坡时，驾驶员要耐心、谨慎，使车辆平稳地上坡，切不可操之过急，过多地踏下加速踏板。应随时注意仪表工作情况，特别是水温表的工作情况，防止发动机因温度过高而引起汽油泵气阻。

注意！

严禁熄火、空挡或踏下离合器踏板滑行。

3. 下长坡制动器失效的应急措施

下陡而长的坡道时，一旦制动器完全失效车辆便会越跑越快，以致无法控制而造成严重的恶果。此时，按下列步骤进行操作：

(1) 连续急踏制动踏板。

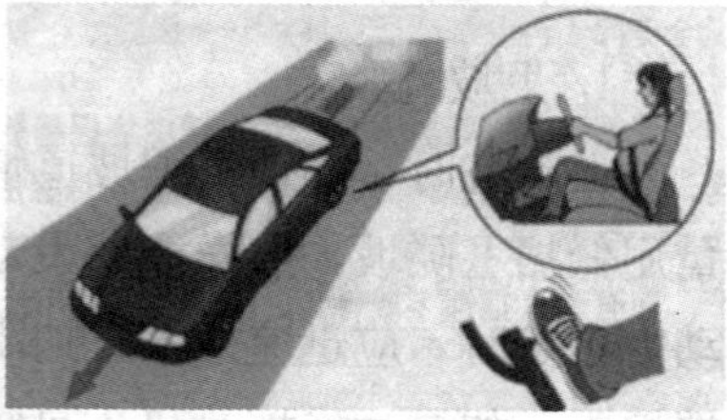

(2) 迅速由高挡抢入低挡，利用发动机制动。

（3）采取驻车制动。

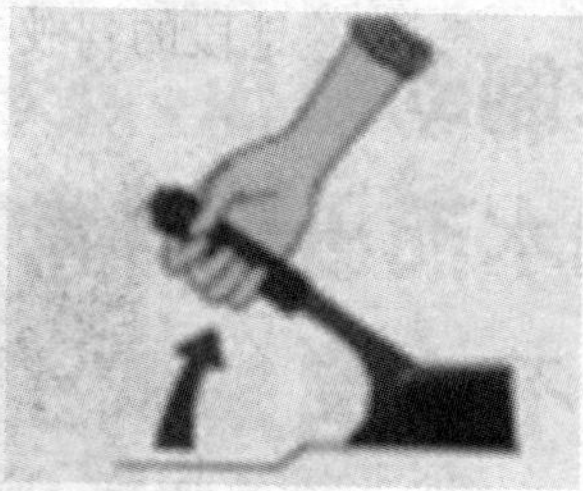

（4）最后的办法是将车辆顺势转入路边的田野、草丛、松软的土地、乱石等，以阻止车辆行驶。如果情况紧急，可缓慢地转动转向盘，使车厢的一侧向山边（或树木）靠拢撞擦，以减少损失。

4. 傍山险路的驾驶

傍山险路一般是坡长且陡，弯急而路窄，多为盘旋曲折、环山傍水的盘山险道，稍有疏忽，将产生严重后果。驾驶员必须认真掌握傍山险道的操作特点，低速行驶，确保安全。

（1）应集中思想、冷静沉着、注意交通标志，谨慎驾驶。如果感到疲劳或对通过险道无把握时，应暂停通过，待休息、查看有把握后，再安全通过；行车中要重点观察靠山一边的路面，尽量选择道路中间或靠山的一侧谨慎驾驶。不可四处张望山间景色和窥视崖下深涧，以免分散精力和产生不必要的紧张心理。

（2）会车时，做到“礼让三先”，选择安全地点会车。会车地点是在悬崖边或溪岸旁地势比较危险时，应停车观察路基情况，在确保安全的前提下缓慢会车通过。在靠山行驶时会车，自己所驾驶汽车应尽量靠近峭壁，给对方来车留出足够的路面。

（3）在视线受限的弯道上行车，应严格做到“减速、鸣号、靠右行”，特别是下坡车，应在转弯前平稳降低车速，随时做好停车准备，以防转弯中遇到来车交会或转弯后遇到路障。下坡转弯中严禁超车。在上陡坡时遇到转弯，应提前减挡，使车辆有足够的动力，避免转弯时换挡，以便于双手把稳转向盘。遇狭路急转弯不能一次性通过时，第一次可延迟转向时机，用倒车变更轮位后，再继续转弯行驶。

（4）行驶中尽量少使用制动，特别不要在急弯和悬崖近处使用紧急制动，以免造成侧滑，而发生事故。下坡车辆应严禁滑行，并适当加大行车间距，以防意外。

5. 危险地段的驾驶

进入危险地段应认真观察，若前方路面有散乱的大小石块、泥块或土堆时，应看成是塌方和滑坡，必须选择安全位置停车，细心观察，待险情排除或确认可以安全通过时，再加速通过，切忌犹豫不定或在可疑地段停车。若车前突然遇到坍塌，应立即停车后倒避让。如险情发生在车后，或有碎石落在车上或车旁时，切勿停车查看，应加速前进一段路程，选择安全地点停车处理。遇到塌方造成路障时应酌情采取相应措施：严重的短时无法排除时，应及时掉头迂回或找安全场地待命；不严重的应积极参与或协助排除路障通过，排除路障时，应警惕险情可能尚未消除，必须密切注意山上的动静，防止再次坍塌给人、车带来的伤害。

6. 通过气候多变的复杂山路

经常收听当地气象预报，根据预报做好准备，确定行车方案。

途中遇到恶劣天气，应当以人员、物资、车辆的安全为前提确定行车计划。遇到暴风雪、暴雨、雾严重时，应驶向附近有食宿站的站点或就地停车等待，不可冒险行进。但遇暴雨时，车辆必须驶离山顶、山脚或泄洪地段及有山脊凸出的公路上，以防雷电、飓风、山洪、塌方和滑坡。

7. 通过便桥、便道与险桥、险路的驾驶

复杂山路中的便道、便桥与险桥、险路，多是原有路桥受到破坏，或破坏得不能通行后所采取的临时通车措施，或绕行遇到的松软土路、砂路、冰雪路、泥泞路、翻浆路以及无路的草地、灌木林等地段。这些路段没有永久性的基础，路的宽度、弯度和坚实程度，桥的材料、结构和承载能力等，均无一定规格和标准，使得行车更加困难，危险性更大。

（1）便道、险路上行驶要注意行驶路线的选择，无特殊情况不得在此路上停车，以防陷车。

（2）遇到便桥要提前减速，以低速挡缓行通过。

（3）遇到险桥应停车检查，必要时可下客、卸货减载通过。有的跨涧（溪）便桥仅是两块跳板，桥的两端还可能是陡坡急弯，转弯下坡（也有的上坡）上桥或过桥上坡（下坡）转弯，一定要缓慢行驶，谨防出轨和断桥事故发生。

（4）绕行遇到恶劣道路、冰雪覆盖的弯路、坡道、河谷等危险地段时，应特别注意选择行驶路线，必要时停车勘察。根据道路特点确定正确的驾驶操作方法，不得冒险闯入。驶出险道和通过碎石路段后，要停车检查清除夹在两轮胎间的石块。

模块 2　夜间驾驶

夜间行驶时，驾驶员极易产生视觉障碍和疲劳（能见度仅是白天的 1/8），必须严格遵守交通法规与职业道德，尽量避免或减少炫目现象，控制车速、掌握合理的行驶路线、精心驾驶，保证行车安全。

一、夜间驾驶操作方法

1. 灯光的运用

灯光具有照明和信号两方面的作用，应根据不同效果正确使用灯光。

（1）夜间驾驶时使用灯光的时间一般与城市路灯开熄时间相同。如遇阴暗天气视线不良

时，可提前开灯，凌晨可推迟闭灯。及时开启示宽灯、尾灯、牌照灯和仪表灯，当看不清前方 100 m 处物体时，开启前照灯。

（2）起步时先开灯、看清道路后再起步；停车时，待车停稳后再关灯。

（3）在风、雪、雨、雾天夜间行驶时，应使用防雾灯或防炫目近光灯，不宜使用远光灯，以免出现炫目的光幕而影响视线。

（4）夜间行驶到没有交警指挥的交叉路时，可用变换远近光灯示意其他车辆或行人注意。

2. 会车

夜间会车时，在距对面来车 150 m 以外，关闭远光灯，开近光灯，并降低车速，使车辆靠道路右侧（让出中心线）保持直线行进。为了看清行驶路线，可短暂地开远光灯，注意与来车开灯时间错开，以便两车在远光灯一开一关的过程中，双方驾驶员均看清行驶路线。不可在看不清道路的情况下盲目关闭前照灯并转向，以免发生意外。车头交会后，可开远光灯。严禁开防雾灯会车。

遇到对方来车使用远光灯行驶时，可连续变换远近光灯示意。如果来车仍未关闭远光灯，应及时将车停在道路右边关闭前照灯，改用小灯待其通过后，再继续行驶。切忌急躁斗气用强光对射，或将车停在马路中间。遇到车队或执行任务的特种车辆时，应主动关闭前照灯，并靠边礼让。

二、夜间驾驶注意事项

1. 做好出车前的准备，搞好车辆维护，保证车况良好，夜间行驶灯光必须有效可靠；了解好行驶路线、路况，对有可能遇到的困难做好思想准备，带好手电筒、随车工具、配件等；驾驶员应保证充足的睡眠和休息，保证行车中精力充沛，感到疲劳时应停车休息，切勿勉强行驶、疲劳开车。

2. 行车中注意观察仪表工作情况和发动机、底盘有无异响及驾驶室内有无异常气味等，及早发现故障予以排除。

3. 在多尘的道路上跟随前车时，更应拉长尾随距离，以免前车扬起尘土妨碍视线。

4. 注意道路施工信号，在阴暗地段、路况不宜辨清时，必须减速。遇险要地段，应当停车查看，弄清后方能行驶。

5. 车速要比白天低，尽量避免超车。必须超车时，跟近前车后，连续变换远近灯光，必要时以鸣喇叭配合示意前车，在判定前车已让路允许超越的情况下方可超越。

6. 需要倒车和掉头时，必须看清进、倒的地形，进、倒过程中，应较白天多留余地。

7. 行驶或停车应尽量避免将车轮驶入路边草地，谨防暗沟、暗坑或因路基松软而发生陷车事故。

8. 夏季夜间行车、要关挡风玻璃，防止昆虫飞进驾驶室刺伤眼睛，行经村镇附近，要注意道路两侧及路堤、桥上乘凉的休息人员，谨防发生伤人事故。

9. 夜间行驶时，突然全车灯光熄灭，要沉着果断，稳住转向盘，立即制动停车，设法修复后行驶。一般因故停车时必须注意：车辆要靠边，开启示宽灯、尾灯，便于对方发现障碍，避免危险。

模块3 重车驾驶

重车驾驶的特点是车辆的总质量增加，导致车辆的惯性加大，汽车的行驶阻力增加，从而增加了驾驶操作的难度。如起步、加速缓慢，增挡加速时间长，制动减速困难，转向与通过性能变差等。

一、重车驾驶的操作方法

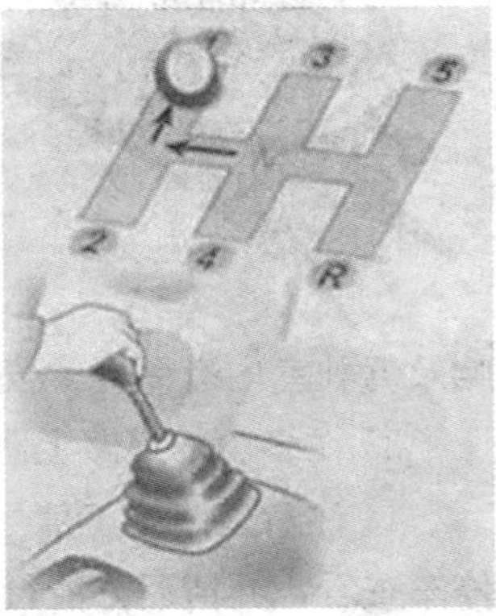

1. 起步

起步时必须用一挡。重车驾驶时，车辆总质量增大，起步时离合器半联动点的位置要比空车起步时稍高，且半联动点的停顿时间及慢抬的时间都要比空车的时间加长。节气门的开度（加速踏板踏下的程度）也比空车时加大，以保证平稳传递足够大的动力，避免不起步和起步不稳的现象发生。

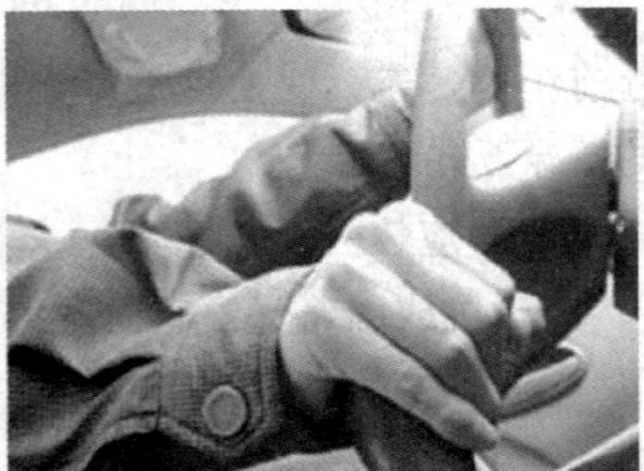

2. 换挡

加挡时各挡间的加速时间与冲车距离要比空车时加长，不可急踏加速踏板提速、冲车，以免传动机件及连接部分损坏。减挡时间要比空车的提前一些，同时重车减挡的动作要比空车时更敏捷、迅速，以防止汽车动力的迅速下降，被迫连续换挡。

3. 转向盘的运用

装载重心较低且均衡平稳时，转向盘较容易掌握。当重心较高或同时偏向一侧时，应注意掌握转向盘，转弯时更应注意减速，尽量选择大转弯半径的路线行驶。会车、让车和避开障碍选择路线时，应提前转动转向盘，尽量少转缓回，不可将转向盘转动过急、过猛，以保证车辆行驶的稳定性。

4. 制动

重车驾驶时，相同情况下作用到制动踏板上的力度要比空车时强，采取制动减速的时机要比空车提前，以适应重车惯性大、制动距离长的特点。对于重车更应该注意制动的预见性，在弯道、险路、滑溜路面要避免紧急制动。下较长坡路时应以发动机制动和辅助制动器制动来控制车速。

5. 停车

要选择宽阔安全地点，注意路沿的坚实程度，不宜过分靠边。

二、重车驾驶的注意事项

1. 搞好车辆维护，确保车辆技术状况良好。

2. 带好工具、备胎，急救用的配件，备好苫布、绳子、灭火器、三角木以及必要的生活用品。

3. 了解清楚“货运”任务的目的、要求，货物的品种、数量，所行经路线及其交通情况、风俗人情等。

模块 4　高速公路驾驶

汽车驶入高速公路后，即可以充分发挥其性能。但是，如果驾驶员不懂或不严格遵守高速公路的行驶法规和科学的行车方法，盲目追求高速行车，势必会扰乱高速公路正常的行驶秩序，埋下严重的车祸隐患，使危险时刻威胁着自己和他人。

一、高速公路的三大特点

1. 行车速度快、通行能力大

一般高速公路行车速度在 120 km/h 以上。一条车道每小时可通过 1 000 辆中型车，比一般公路高出 3～4 倍。在美国，高速公路仅占公路总里程的 1.1%，却承担全国公路车交通量的 19%，平均日行车密度是全部公路平均数的 18.6 倍。

2. 物资周转快、经济效益高

一般运距在 300 km 以内，使用大吨位车辆运输，无论是从时间上，还是从经济角度来考虑，均优于铁路和普通公路运输。虽然高速公路的投资大，但是其综合经济效益也大，能促进沿路地区的经济发展，其投资成本一般可在 5～7 年内收回。如我国的广佛高速公路，其投资费用回收期不到 6 年。

3. 交通事故少、安全舒适

因为高速公路有严格的管理系统，全程采用先进的自动化交通监控手段和完善的交通设施，全封闭、全立交，无横向干扰，因此发生交通事故的概率大幅度下降。

高速公路沿线还有安全设施、交通管理设施、服务性设施、环境美化设施等。

二、驶入高速公路前的准备与检查

高速路上机动车行驶速度快，容易造成机动车爆胎等故障、事故，特别是车辆发生故障或者事故停车后，引发次生事故的可能性更大。因此，机动车上高速公路行驶前，应当对车辆进行仔细检查。最基本的检查有七项，包括轮胎、燃料、润滑油、制动器、灭火器具、灯光、反光的故障车警告标志，并要保证齐全有效。

1. 轮胎

包括机动车行驶过程中所必须具备的轮胎及备用胎，主要应检查轮胎充气是否合适，以及轮胎的完好程度。

2. 燃料

如果路途较远，应该提前给油箱加满油，否则在高速路上汽车没油了，便会妨碍交通，也耽误事。

3. 润滑油

一般走高速路都是较远的路途，机油一旦耗光便会损毁发动机，所以，上高速路前一定要检查润滑油是否充足。

4. 制动器

它是以摩擦等方式来消耗高速运动汽车的动能、制止机动车继续行驶的，作用是根据需要使汽车迅速减速，或在尽可能短的距离内完全停车。制动器一旦失灵，将非常危险。

5. 灭火器具

上高速路一定要配备灭火器。尤其在夏天，由于高速公路行车的速度快，各部件摩擦生热温度高，机动车内部故障极易发生自燃，灭火器是非常必要的自救用具。

6. 灯光

用于照明道路或向其他车辆、行人等道路交通参与者发出光信号的装置，是机动车必备的安全设备。主要包括：远光灯、近光灯、转向灯、制动灯、牌照灯、前位灯、后位灯、危险报警闪光灯、雾灯、倒车灯、示廓灯、侧标志灯。特别是在遇雾雪等低能见度条件，以及在发生故障或交通事故等特殊情形时，应使用灯光。

7. 反光的故障车警告标志

适用于机动车发生故障或者交通事故不能移动时，机动车驾驶人应当在车后方的放置反光的故障车警告标志，以防止后方来车与之发生碰撞事故，之所以要求必须“反光”，是为保证在夜间使用时，经灯光照射反光，以使后方车辆能够看见。

三、高速公路正常行驶

1. 驶入高速公路

驶入高速公路要把握好三个环节：一是匝道，二是加速车道，三是行车道。

（1）匝道行驶。匝道，又称引道，通常是指一小段提供车辆进出主干线（高速公路、高

架道路、桥梁及行车隧道等）与邻近的辅路，或其他主干线的引线连接道。

在匝道上安全行驶的要点是：

1）确认车辆行驶路线，不要驶错方向。

2）在确定方向之后，就尽快将车速提高到 50 km/h 以上驶入加速车道。

3）匝道上不准超车、停车。

4）具有弯道和坡道的匝道一般要限制车速，应注意警告标志。

（2）加速车道行驶。车辆在加速车道上应提高车速，并开启左转向灯，行驶到一半以上路程时，在不妨碍正在行车道上行驶车辆的情况下，平滑汇入行车道。

在加速车道上安全行车的要点是：

1）不允许未在加速车道加速而直接驶入行车道。

2）当前车加速性能较差或停车时，要与前车保持一个能够在加速车道上充分加速的距离，避免在加速车道前端停车。

3）汇入行车道时，操纵转向盘不应过急过猛。

（3）行车道行驶。从加速车道驶入行车道时，应从车外及车内后视镜仔细观察后面行车道上的车辆，正确估计车流速度，并调整和控制好车速，适时驶入行车道。

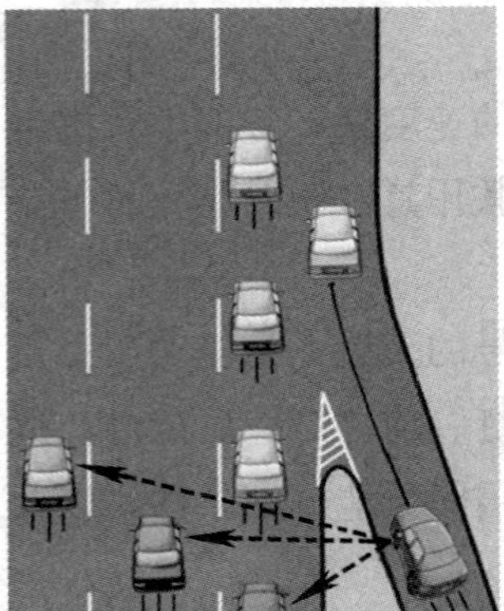

安全驶入行车道的要点：观察行车道后方的车辆，并估计其速度，打开左转向灯，在行车道上加速。如果与行车道来车距离较近时，先与来车并行。然后适当降低车速，从来车后方驶入行车道，并且与前后车辆保持一定车距。

2. 行驶速度

在设施良好的高速公路上发生交通事故往往是因为车辆超速行驶所致。行驶速度快，容易造成爆胎，还会使驾驶员的反应时间缩短，使制动距离加长，而且由于其他车行驶速度快，一旦发生故障或事故，易造成多车相撞的连锁反应。因此，限定机动车在高速路上行驶的速度，是减少严重交通事故的必要手段。

注意！

高速公路上都标明车道的行驶速度，最高车速不得超过每小时 120 km，最低车速不得低于每小时 60 km。

小客车最高车速不得超过每小时 120 km，其他机动车不得超过每小时 100 km。

同方向有 2 条车道的，左侧车道的最低车速为每小时 100 km；同方向有 3 条以上车道的，最左侧车道的最低车速为每小时 110 km，中间车道的最低车速为每小时 90 km。有限速标志的，则需按照限速标志标明的车速行驶。

温馨提示！

通过高速路施工作业路段时，应当注意警示标志，并减速行驶。

3. 安全车距

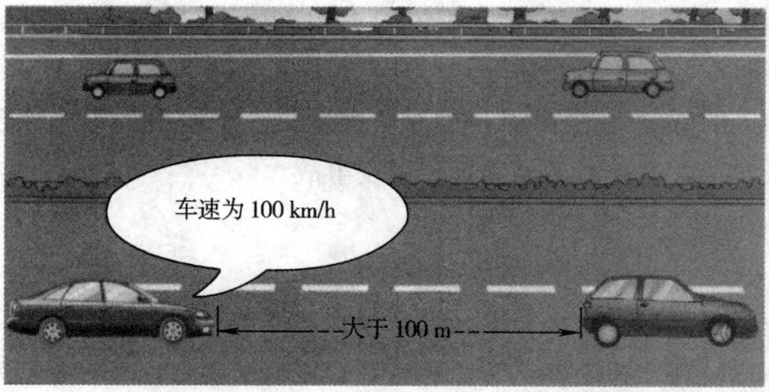

要在高速路上安全行车，仅控制好车速是不够的，还要掌握好安全车距。

在高速公路上行驶，车速超过每小时 100 km 时，应当与同车道前车保持 100 m 以上的距离，车速低于每小时 100 km 时，与同车道前车距离可以适当缩短，但最小距离不得少于 50 m。

依据驾驶经验，车速与安全车距应成正比，如 120 km 时速时，车距应为 120 m，80 km 时速时，车距应为 80 m，依此类推，但最小车距不能低于 50 m。

4. 低能见度行驶

高速路开车最怕遇见坏天气，因为坏天气会对驾驶员的视觉增加障碍，同时增大开车的危险性，因此，坏天气严重影响安全行车时，管理部门一般会封闭高速路。

安全驶入行车道的要点：

（1）能见度小于 200 m 时，开启雾灯、近光灯、示廓灯和前后位灯，车速不得超过每小时 60 km，且与同车道前车保持 100 m 以上的距离。

（2）能见度小于 100 m 时，开启雾灯、近光灯、示廓灯、前后位灯和危险报警闪光灯，车速不得超过每小时 40 km，且与同车道前车保持 50 m 以上的距离。

（3）能见度小于 50 m 时，开启雾灯、近光灯、示廓灯、前后位灯和危险报警闪光灯，车速不得超过每小时 20 km，并从最近的出口尽快驶离高速公路。

5. 故障救急

在高速路上，一旦发现车辆有故障，正确的操作步骤为：

将车辆停在路旁的安全处，打开危险警告灯，设置警告牌（在来车方向 150 m 外），告知其他车辆本车处于停止状态。应将乘员转移到安全处。

注意！

高速路不能随意拖曳、牵引车辆。

6. 驶出高速公路

驶出高速公路时，要观察路面情况，打开右转向灯，进入辅路。由于较长时间在高速下行驶，减速时车内人的感觉会"滞后"，即感觉速度很低，但实际车速仍较快。因此要及时观察车速表，降低车速，避免由于超速行驶引发事故。

注意！

由于驾驶者一时疏忽，可能提前或忘记在应出的匝道口驶出高速公路。而一般高速公路的相临出口距离都比较远，为了避免浪费时间，一些驾驶员可能会选择在高速公路上倒行一段路程或在出口的匝道上驶入高速公路主路。这些做法都是极其危险的！

复习题

一、判断题

1. 上陡坡时，必须根据坡道情况选择适当的挡位，尽量用低速挡上陡坡，使发动机保持足够的动力。（　　）
2. 汽车上长坡时，驾驶员要过多地踏下加速踏板，保证上坡。（　　）
3. 下陡而长的坡道时，一般选择与上该坡同级的挡位，以便运用发动机控制车速。（　　）
4. 下长坡时，为了节省燃料，可以熄火、空挡滑行。（　　）
5. 下陡而长的坡道时，一旦制动器完全失效驾驶员应立即跳车。（　　）
6. 遇到便桥要加速，以高速挡迅速通过。（　　）
7. 在风、雪、雨、雾天夜间行驶时，应使用防雾灯或防炫目近光灯，不宜使用远光灯，以免出现炫目的光幕而影响视线。（　　）
8. 夜间行车遇到对方来车使用远光灯行驶时，可连续变换远近光灯示意。如果来车仍未关闭远光灯，也应使用远光灯。（　　）
9. 夜间行车遇到车队或执行任务的特种车辆时，应主动关闭前照灯靠边礼让。（　　）
10. 重车起步时必须用一挡。（　　）
11. 重车下较长坡路时应以发动机牵阻和辅助制动器制动控制车速。（　　）
12. 上高速前应检查轮胎充气是否合适，以及轮胎的完好程度。（　　）
13. 上高速时从匝道可以直接驶入行车道。（　　）
14. 高速公路上可以高速行驶。（　　）
15. 在高速公路上行驶，车速超过每小时 100 km 时，应当与同车道前车保持 100 m 以上的距离。（　　）
16. 高速公路行驶时，车速与安全车距应成正比，如 120 km 时速时，车距应为 120 m，80 km时速时，车距应为 80 m，依此类推。（　　）
17. 高速公路行驶，能见度小于 50 m 时，开启雾灯、近光灯、示廓灯、前后位灯和危险报警闪光灯，车速不得超过每小时 20 km。（　　）
18. 高速路不能随意拖曳、牵引车辆。（　　）

二、选择题

1. 汽车行经较长下坡道路时，应运用（　　）控制车速。

   A. 发动机　　B. 脱挡滑行　　C. 熄火滑行

2. 气压制动的汽车下坡如果熄火滑行会导致（　　）。

   A. 制动气压降低，造成制动失效

   B. 过多使用起动机，造成蓄电池亏电

   C. 汽缸的汽油成分冲淡润滑油，使机件加速磨损和造成发动机的动力下降

3. 驾驶汽车通过较长而陡的下坡路应（　　）。

A. 不制动　　B. 连续制动　　C. 断续制动

4. 驾车通过傍山险路时应谨慎驾驶，如发生制动突然失灵应采取（　　）措施，减少损失。

A. 跳车　　B. 应立即熄火　　C. 抢挂低速挡

5. 汽车通过傍山险路等危险路段应（　　）。

A. 加速行驶　　B. 中速行驶　　C. 低速行驶

6. 雪路行驶，在弯路、坡道河谷等危险地段行驶时，应特别注意选择（　　），必要时停车勘察。

A. 行驶时间　　B. 行驶车辆　　C. 行驶路线

7. 夜间行驶在没有交警指挥的交叉路口时，可用变换（　　）灯示意其他车辆或行人注意。

A. 转向灯　　B. 远近光　　C. 危险报警灯

8. 夜间会车时应（　　）。

A. 开远光灯　　B. 开近光灯　　C. 关掉大灯

9. 机动车夜间会车，先关闭远光灯，改用近光灯，而对方来车使用远光灯行驶，驾驶员应（　　）。

A. 鸣号，示意对方车辆关灯

B. 打开远光灯，以保持良好的照明

C. 将车停在道路右边关闭大灯，改用小灯，待其通过后，再继续行驶

10. 夏季夜间行车，要注意道路两侧及路堤、桥上乘凉的（　　），谨防发生伤人事故。

A. 车辆　　B. 休息人员　　C. 杂物

11. 夜间行车时，突然全车灯光熄灭，应（　　）。

A. 立即制动停车　　B. 减速靠边　　C. 将头伸出车外看清路面再定

12. 汽车行驶中，灯光照射距离由（　　）时，表明汽车已驶近上坡道处。

A. 由近变远　　B. 由远变近　　C. 逐渐消失

13. 汽车行驶中，灯光照射距离由（　　）时，表明汽车正在驶入下坡道。

A. 由近变远　　B. 由远交近　　C. 逐渐消失

14. 下陡而长的坡道时，车速一般稳定为（　　）km/h。

A. 80　　B. 50　　C. 30

15. 在设施良好的高速公路上发生交通事故往往是因为车辆（　　）。

A. 超速行驶　　B. 打滑　　C. 路况不明

16. 高速公路上都标明车道的行驶速度，最高车速不得超过每小时（　　）km，最低车速不得低于每小时（　　）km。

A. 80，60　　B. 100，80　　C. 120，60

17. 一般高速公路同方向有 2 条车道的，左侧车道的最低车速为每小时（　　）km。

A. 80　　B. 100　　C. 120

18. 在高速公路上行驶，车速低于每小时 100 km 时，应当与同车道前车保持最少（　　）m以上的距离。

A. 20　　B. 50　　C. 80

19. 依据驾驶经验，车速与安全车距应为正比，如 120 km 时速时，车距应为 120 m，80 km 时速时，车距应为 80 m，依此类推，但最小车距不能低于（　　）m。

A. 20　　B. 30　　C. 50

20. 高速公路行驶，能见度小于 100 m 时，开启雾灯、近光灯、示廓灯、前后位灯和危险报警闪光灯，车速不得超过每小时（　　）km。

A. 40　　B. 60　　C. 80

【单元六】

特殊条件下驾驶

模块1　通过桥梁、铁路道口、隧道、涵洞

一、通过桥梁

桥梁按建筑材料和结构的不同可分为水泥桥、拱形桥、木桥、浮桥、吊桥和便桥等。汽车通过这些桥梁时，应根据不同桥梁的特点，采取正确的驾驶操作方法，保证安全顺利通过。

1. 接近桥梁时，应仔细观察桥头附近的交通标志，遵守限载、限速等有关规定。若无交通标志，并确认安全无问题，通过时要拉大车间距离，最高车速不得超过 20 km/h。

2. 通过水泥桥时，如为双车道以上桥面，路面平整，可按一般驾驶要领通过。如桥面狭窄，应看清前方是否有来车。若桥面会车有困难，不可冒险会车，应提早主动在桥头宽阔地段停车等候，不要抢行。

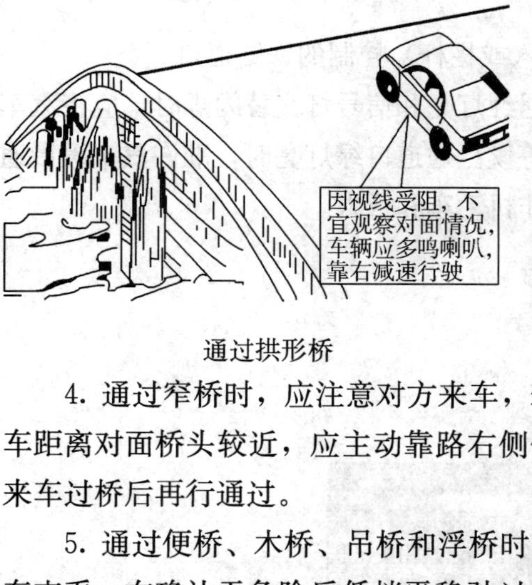

通过拱形桥

3. 通过拱形桥时，往往无法看清对面来车和行驶路线，因而车辆应多鸣喇叭，并靠右减速行驶，随时注意对面来车和行人情况。车行至桥顶时，要放松加速踏板，减速下行，同时注意观察桥下情况，随时做好制动准备。

4. 通过窄桥时，应注意对方来车，若发现来车距离对面桥头较近，应主动靠路右侧停车，待来车过桥后再行通过。

5. 通过便桥、木桥、吊桥和浮桥时，须先停车查看，在确认无危险后低挡平稳驶过。不要在桥上变速和制动，车上的乘员最好下车步行过桥。

通过狭窄桥

温馨提示！

通过年久失修的危险桥梁应注意以下事项：

（1）接近时应停车查看桥梁的牢固情况。

（2）过桥时应让乘车人员下车，必要时卸下部分物资再用低速挡通过。

（3）通过中应随时注意桥梁受压后的情形，若已听到桥梁的断裂声，宜继续加速行驶，切勿中途停车。

（4）发现桥面板松动，要预防有道钉松出刺入轮胎，过桥后应根据情况停车检查。

二、通过铁路道口

1. 通过无人看管的铁路道口

通过无人看管的铁路道口，应提前减速，到达停车线时要立即停车，确认安全后再低速通过，做到："一看、二慢、三通过"。千万不能贸然通过或与火车抢行。

2. 通过有信号灯（或栏杆）控制的铁路道口

通过铁路道口，遇红灯亮和信号灯交替闪烁时，应将汽车依次停在停车线以外等候。遇道口绿灯亮时，准许汽车缓慢通过，但也要注意避让非机动车和行人。

3. 在铁路道口内出现故障的应急措施

（1）想各种办法通知列车或前方车站。

（2）想办法让汽车离开铁路道口。

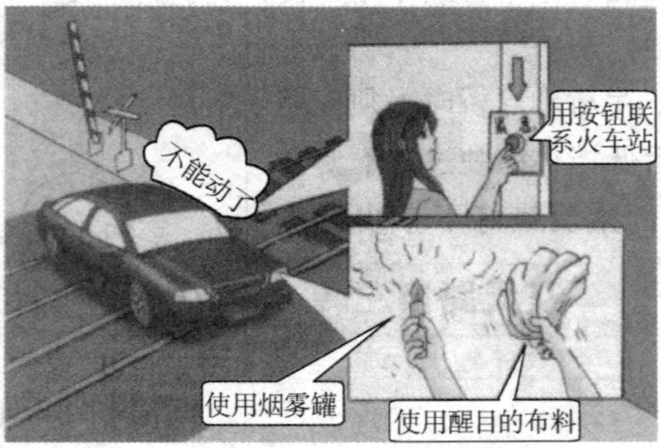

在铁路道口出现故障时，想办法让汽车离开

三、通过隧道

隧道分为单行道和双行道。隧道内一般比较狭窄，有时路面还比较滑。短隧道可从入口看到出口，驶进时开近光灯；长隧道或中途有弯的隧道从入口无法看到出口，进入隧道前应打开车灯，遇绿色信号灯时方可驶入。

1. 单向行驶的隧道

驶入单行隧道，应观察对面有无来车，有条件通过时，应先适当鸣喇叭或开启示宽灯，再缓慢通过；如发现对面有来车驶入隧道或有停车信号，应及时靠右侧停车，待来车通过或见有放行灯光信号后，再驶入隧道。

2. 双向行驶的隧道

（1）驶入前，应打开示宽灯或近光灯，靠右侧行驶，注意与对面来车的安全会车。

（2）在双行隧道内行驶，应注意会车，并加大车辆的侧向间距；切不可在会车时使用远光灯，在隧道内尽量避免使用喇叭。特别是在距离长、车流量较大的隧道内，鸣喇叭会增大隧道内噪声。

温馨提示！

驶出隧道时，要提防出口处有较强的气流干扰；应握紧转向盘，适当抬起加速踏板降低车速，但不得脱挡滑行。由于隧道两侧是视线死角，无法观察到隧道外的情况，应在出口处及时鸣喇叭，预防事故发生。

3. 注意事项

（1）进入隧道前应注意交通标志和文字提示，特别要注意高度限制标志，提前打开车灯。

(2) 进出隧道应减速慢行，注意行车安全。

(3) 不准在隧道内超车、停车、倒车、起步和掉头，以防交通堵塞。

(4) 在隧道内尾随行车，要保持充分的车距；若路面潮湿时，车距应相应增大。

四、通过涵洞

通过涵洞前必须注意交通标志，了解有关规定。涵洞的特点是高度有限制、洞内狭窄、视线不清。通过时必须适当减速，必要时还要停车查看，绝不可冒险通过。

车辆通过积水的涵洞后，必须轻踏制动踏板缓行一段距离，使制动毂水分蒸发，恢复良好的制动效能后再正常行驶。

模块2　凹凸路及障碍驾驶

一、通过凹凸道路

机动车通过凹凸道路时要谨慎驾驶。第一，要保持正确的驾驶姿势，上身稍贴座椅靠背，两手握紧转向盘，防止由于身体随车跳动而对机动车失去控制。第二，要根据路面情况，适用以下通过方法：

1. 遇短而小的凹凸道路可空挡滑行通过。

2. 遇连续的小凹凸或“搓板”路，要适当减速匀速通过。

3. 遇凸起较大的障碍时，可用低速挡缓慢通过（必要时可在障碍前停车，重新起动通过）。当车前轮将要上障碍时应加油，到障碍最高点时可抬起加速踏板，使汽车溜下障碍。要注意机动车通过时，防止前桥壳擦碰凸形地面。

4. 遇凹形较大的横断路时，应抬起加速踏板，使车速降到一定程度；利用机动车的惯性使前轮溜下凹形沟底时再稍加油，待后轮到凹形沟边时抬起加速踏板，后轮溜下沟底时再加油。同时要注意防止机动车前、后桥与凹形地面碰撞。

二、通过障碍物

发现路面有障碍物时，应及时降低车速，注意观察障碍物的形状和位置，确定通过方法。驾驶小轿车时，因其离地间隙较小，绝不能贸然采取骑跨障碍物的方法通过，以免车辆受损。具体通过方式有以下几种：

1. 如果障碍物位于道路中间，其两侧均可通过车辆时，应选择较安全的一侧通过。

2. 如果障碍物在道路中间，高度低于汽车最小离地间隙、宽度小于轮距时，可使车辆左右轮居于障碍物两侧缓慢通过。

3. 若障碍物的最高点超过汽车最小离地间隙，且宽于轮距，应换入低速挡，使一侧车轮压在障碍物较低的一面上，另一侧车轮压在平路上缓慢通过。

模块3　泥泞、翻浆、涉水驾驶

一、泥泞、翻浆路面的特点和驾驶注意事项

泥泞及翻浆路的路面较软，行驶阻力大；地面附着力小，制动性能降低，驱动车轮易发生空转，导致车辆侧滑。此时，汽车转向盘操作难度增大，驾驶员控制行驶路线困难。在泥泞及翻浆路面上驾驶汽车时，应注意以下几点：

1. 有前驱动轮的汽车，在驶入泥泞、翻浆路段时，应使用前轮驱动装置，增加汽车克服前进阻力的能力。在通过泥泞、翻浆路段后及时退出前轮驱动。

2. 有差速锁的车辆在一个车轮发生打滑空转时，可将差速器暂时锁止，以便车轮前进。行驶恢复正常时应及时解除差速锁。

3. 经常在泥泞路行驶的车辆，可将车轮胎换装成越野花纹轮胎。

4. 可以临时在驱动轮上装防滑链，通过溜滑地段后及时拆除。

二、通过泥泞、翻浆路的驾驶方法

1. 选择行驶路线

在泥泞路上行车，应当选择路面比较平整，路基较坚实，且泥泞较浅的路面行驶。

2. 控制车速

在泥泞路段上行驶时，应选用适当挡位（一般可用中低速挡），保持足够的动力，稳住加速踏板，匀速一次性通过。

3. 转向盘的操作要缓和

在泥泞路上应尽量保持直线行驶。需要靠边时，应先在路中间减速或换入低挡，逐步驶向路边。转弯时必须提早减速，缓慢地转动转向盘（切不可猛打，以免引起侧滑而发生事故）。

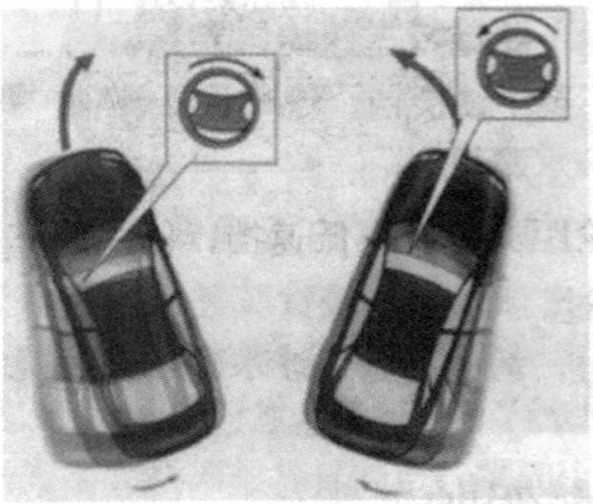

4. 避免紧急制动

由于泥泞、翻浆路面的附着系数较低，制动力很容易达到和超过附着力，若紧急制动，车轮会被迅速“抱死”并发生滑动，容易造成事故。因此，应尽量避免紧急制动。一旦发生制动，将引起整车滑移，这时要迅速放松制动踏板，并紧紧握住转向盘。

5. 处理侧滑的方法

前轮侧滑时，车辆自重可起到自行停止侧滑的作用；后轮侧滑时，应抬起加速踏板，将转向盘向后轮侧滑方向转动，使侧滑的后轮摆回。

6. 车轮滑转的处理方法

（1）行驶中如遇驱动轮滑转，可将车辆稍微后退后，再向前行驶，利用汽车的冲力或改变车轮滚压的位置，防止车轮滑转。

（2）车轮继续打滑时，应立即停车，挖去泥浆或设法支起车轮，在车轮下面铺垫柴草、碎石等或在驱动轮上缠绕绳索等，以加大车轮与地面之间的摩擦力，防止倾覆。

（3）汽车底盘触及地面时，可用硬木棒插入底盘内，用垫木或石块做支点将车轮撬起，然后用木板或石块等物填入轮下，并将车轴下方及前方阻拦前进的障碍物适当清除，再使车轮着地。

（4）无法自行将车驶出深坑时，可求助外来动力帮助将车拖（推）出。

注意！

如果汽车陷入泥坑，因为打滑无法前后移动时，切记不要使蛮力，一味采用轰油加速方式，这样只会越陷越深。

三、涉水驾驶

1. 涉水驾驶的特点

涉水驾驶与在一般道路上驾驶完全不同。由于水的浮力和流水的冲击作用，车辆驱动力的发挥受到限制，电气设备也极易受潮短路。

2. 涉水前的准备和防护措施

（1）汽车涉水行驶时，必须仔细查看水的深度、流速和水底性质，以及进、出水域的宽窄和道路情况，由此来判断是否能够安全通过。

（2）在确认所驾汽车的结构能够通过时，一般应选择距离最短、水位最浅、水流缓慢及水底最坚实的路段。

温馨提示！

常见车型的最大涉水深度有以下几种：重型大货车为 100～120 cm；普通大货车为 45～80 cm；越野吉普车为 60 cm；小客车不能超过 40 cm。如果水深超过车轮或汽车的最大涉水深度时，则不宜冒险涉水。

若由于某种原因非要涉水，驾驶员应该采取以下一系列防水措施：

1）拆掉风扇传动带，如果是电动机式的可以拔下电动机线插头，将线头挂在高处；有些车型还要关闭水箱的百叶窗。

2）用防水布或塑料袋将分电器、高压线、点火线圈等包好，并设法将蓄电池的位置升高（如驾驶室内或车厢上）。

3）如果有条件的话，可找一根软管套在排气管尾部，并向上弯起，且高出水面，防止水灌入排气管。

4）对油箱的加油口、机油尺孔和发动机、驱动桥上的其他通气孔都要用防水物包扎堵塞。

5）若水位接近汽车的最大涉水深度时，应该在前保险杠上捆绑较宽的木板，然后用中速挡行驶，使汽车前方的水被木板推开，在发动机部位形成一个浅水区，以防点火系统被水浸湿而丧失功能。

6）应尽量加大汽车的质量，以减少水对车的浮力作用和增加车轮的附着力，从而保持车辆涉水行驶的稳定性。

3. 涉水驾驶的要领

（1）汽车涉水时，应保证在发动机运转正常，转向和制动机构灵敏可靠的情况下进行。应挂低速挡平稳驶入水中，避免大轰油门或猛冲，防止水花溅入发动机而熄火。

（2）行驶中要稳住油门，保持汽车有足够且稳定的动力，尽量避免中途停车、换挡或急转弯，尤其是水底路为泥沙时，更要注意做到这一点。

（3）若遇水底有流沙、车轮打滑空转时，应立即停车，不可勉强进退，更不可半联动地猛踩油门踏板。应在保持发动机不熄火的情况下，组织人力或其他车辆将车推、拖出来，避免越陷越深。

（4）行进中要看远顾近，尽量注视远处的固定目标，双手握住转向盘直线前进。不能注视水流或浪花，以免晃乱视线产生错觉，使车辆偏离正常的涉水路线而发生意外。

前车上岸，后车涉水

（5）多车涉水时，绝不可同时下水，应待前车到达彼岸后，后面的车才可下水，以防前车因故障停车，迫使后车也停在水中，导致进退两难。

（6）通过漫水路面或漫水桥时，应匀速沿固定路线一气通过。若路面或桥面经洪水冲击后情况不明，应先探明路面或桥面是否损坏，形成塌陷、缺口或崩塌，否则极易造成翻车。

4. 涉水后的安全检查

（1）汽车涉水后，应选择宽阔安全的地点停车，并拆除防水包扎物，查看发动机点火系统是否沾水，并用干布将其受潮的电器部件擦干净，以防发生短路或断路等故障。

（2）安装好风扇传动带，将蓄电池装回原位置，拆除排气管尾部的塑料软管和其他防水物。

（3）检查各齿轮箱有无浸水，水箱散热器片之间有无漂流物堵塞，轮胎有无损坏，底盘下面有无水草缠绕等，及时将车辆清理干净。

（4）起动发动机，让发动机空转数分钟后，达到正常温度，烘干发动机上面的水和潮气。确认汽车技术状况良好后，先用低速行驶一段路程，并有意识地轻踩几次制动踏板，让制动蹄片与制动毂接触摩擦产生热能，以烘干和蒸发掉制动器中残留的水分，确保制动性能良好。

模块 4　恶劣气候驾驶

一、雨天驾驶

雨天行车能见度低，道路湿滑，车辆的制动性能变差。雨天驾驶应采取的方法如下：

1. 雨天驾驶车辆存在视线不清、道路湿滑，行人和骑自行车人注意力分散等情况，驾驶员应降低行驶速度，尽量避免紧急制动。同时，使用刮水器随时刮净前挡风玻璃上的雨水，以保持视线清晰。

2. 雨中尾随行驶时应降低车速，适当加大与前车的安全距离。遇到路面有较大的积水处时应低速缓行，以免因雨水溅起而影响行车视线，造成危险。当道路积水过深时，更应谨慎驾驶不能超车。

3. 雷雨季节，路基可能会出现疏松和塌陷现象，要选择道路中间坚实的路面行驶。会车时要降低车速。

4. 遇有大暴雨或特大暴雨时，应选择安全地点停车避雨，并开启示宽灯，待能见度改善后再继续行驶，切忌冒雨勉强行车。

二、雾天驾驶

雾天行车能见度较低，视野变窄，视线模糊，行进车辆中的驾驶员要很久才能看清前方障碍（行人、自行车、故障车、事故车、凹坑等），或者由于未及时开启防雾灯等，不能被其他来向车辆的驾驶员及时发现，容易发生交通事故。

注意！

（1）在浓雾中行车，不能以前车尾灯作为判断安全距离的依据。

（2）多鸣喇叭，以引起对方注意。听到对方车辆鸣喇叭，也应鸣喇叭回应。

1. 雾天驾驶原则

（1）雾天驾驶车辆需开防雾灯，与其他车辆及行人保持充分的安全距离，密切注视前方交通情况，可适当鸣喇叭以引起车辆、行人的注意。由于雾天能见度低，驾驶车辆时，严禁超车。在超越路边停放的车辆时，注意道路左侧的交通情况，随时做好停车准备。

(2) 会车时应关闭防雾灯，以免给对方车辆的驾驶员造成炫目，同时加大侧向间距，低速行驶。

2. 车速与安全距离要适应能见度

雾天行车应严格控制车速，根据能见度以不同的车速和安全距离行驶，见表 6—1。

表 6—1　不同能见度与雾天行车车速之间的关系

能见度（m）	车速不得超过（km/h）
200＜能见度＜500	80
100＜能见度＜200	60
50＜能见度＜100	40
30 以内	20 以下
10 左右	5 以下

三、冰雪道路驾驶

在冰雪道路上行驶，路面的附着力小，车轮易侧滑和滑转，汽车的稳定性和制动性能均较差。

1. 在冰雪道路上驾驶时应注意的问题

(1) 在结冰的山路上行驶时一定要给车轮轮胎装防滑链，若要驾驶汽车上下坡，应根据冰层的厚度、坡度的大小，决定是否可以通过。上坡时避免减挡，下坡时利用发动机制动，或采用间歇制动的方法行驶。

(2) 在初冬、开春季节或气温在−1℃地区通过结冰江河时，要将驾驶门打开，随车人员与乘客都要下车步行过河，以防不测，发现可疑迹象要及时避让，但不可停车。

(3) 汽车涉冰水后，制动蹄片干燥时间要适当延长，以防止蹄片和制动毂上结冰，致使制动效能降低。气压式制动的车辆，要注意储气筒、控制阀和空气管路中因产生结冰而导致制动失效的情况，加强途中例行维护。

2. 在冰雪道路上的驾驶方法

(1) 汽车若没有安装防滑链，可以采用比平常起步高一级的挡位起步，利用离合器半联动和轻踏加速踏板的方法，使发动机在不熄火的条件下实现平稳起步。

(2) 尾随行驶应与前车保持较大的纵向距离（为正常道路条件的 1.5～3 倍），安全距离一般在 50 m 以上。

（3）遇有情况需要减速时，应换低速挡控制车速，尽量避免制动。确需制动时，应提前采用间歇缓踏制动踏板的方法，并辅以驻车制动器。切忌将制动器一脚踏到底或使用驻车制动器过急、过猛。

（4）会车时应提前减速，选择安全地段靠右侧慢慢通过，尽量增大两车间的横向间距，并与路边保持适当的距离，必要时停车礼让。如果相遇地段不宜会车，切不可勉强交会，要根据双方的道路情况，由一方倒车让路，切忌争道抢行。

（5）行至弯道时，要提前缓抬加速踏板，平稳降速，适当加大转弯半径；避免猛打转向盘，做到早转或少转，以防车轮侧滑。

（6）在冰路上驾驶车辆时应在驱动轮上安装防滑链，并保持中、低速行驶，禁止急踏加速踏板。尽量利用发动机的牵阻作用降速，少转转向盘，会车时应靠道路右侧慢慢通过。

（7）在雪地行车时间较长时，需佩戴有色眼镜，并适当停车闭目休息，以防造成炫目。

（8）降雪量超过车轴又无车辙时，不能勉强行驶。遇有较大雪堆应先清除后再行驶，切不可冒险通过。如果道路被大雪覆盖辨别不清路线，且路边又无参照物时，应在旁人的领引下谨慎驾驶。

四、大风天气的驾驶

在狂风袭来时的安全驾驶，需要既有经验问题，也应有一定的驾驶方法和驾驶技巧。

1. 握稳转向盘

由于风速和风向不断发生变化，驾驶员常会感到控制不了转向盘（俗称“夺把”）。此时一定要两手握稳转向盘。

2. 微调转向盘

行驶中如果遇到狂风袭来，感觉汽车产生横向偏移时，不能慌乱急转转向盘以试图拨正汽车行进方向，而应微量地转动转向盘拨正车头。

3. 适当放慢车速

大风来临时伴随的沙土会严重影响驾驶员的视线，此时应适当降低车速，以保障为躲避风沙而奔跑的行人的安全。

五、严寒气候条件下的驾驶

1. 汽车在露天停放，起动困难。起动后，变速器、差速器、后轮毂的润滑油黏度大，起步后要低速行驶，待温度升高后，再逐步提高车速。

2. 由于驾驶室内外温度差较大，挡风玻璃上易结冰霜，会妨碍驾驶员的视线。若要防止结冰霜，可将挡风玻璃擦干净后再用肥皂涂擦一层。

3. 部分机件变脆后容易断裂，故行车时应中速行驶，选择平坦路面，避免剧烈振动和紧急制动。

4. 由于气温低，汽车上的金属、塑料、橡胶制品等材料容易变脆、损坏，行车前要配备一些易损零件，以备换用。

5. 中途停车应选择干燥、朝阳和避风的地方。停车时间较长时，未加防冻液的车辆应间断起动发动机，并使之保持一定的温度，以防冷却水结冰而冻裂机体和散热器等机件。

6. 收车后，要放净散热器和水套内的冷却水（未加防冻液的车辆），并使发动机怠速运转 1～2 min，将残留水分放完。气压制动的汽车还必须放净储气筒的存气和水分，避免储气筒结冰，影响第二天出车的制动效能。

六、高温气候条件下的驾驶

1. 根据运输任务和特点的需要，携带必要的水桶、防雨布等物品，最好能带上太阳眼镜、防暑药品，以供途中使用。并尽量避免在阳光强、气温高的时间（下午 1～3 点）行车。

2. 随时注意发动机的水温。水温过高时，应选择阴凉处停车降温。

3. 经常检查冷却水的容量，并及时进行添加补充。冷却水沸腾时，不可立即开启散热器盖，应先使发动机急速运转，待温度适当降低后，再将发动机熄火进行加水。

4. 燃料系产生气阻时，应先停车降温，待故障排除后，再继续行驶。

5. 注意轮胎及胎压变化，发现胎温、胎压过高时，应选择阴凉处停息，使其自然恢复正常，不可用放气或浇水的方法进行降温。

6. 行车中感到精神疲倦，身体不适时，应及时停车休息，不可硬撑。

7. 经常检查蓄电池电解液的数量，不足时应适量添加蒸馏水进行补充。

模块5　高原、沙漠及林区驾驶

一、高原地区驾驶

1. 高原地区驾驶的特点

高原地区海拔高，大气压低，空气稀薄，气候寒冷，风沙飞雪多，昼夜温差大，气候变化无常。在高原地区行车时，发动机充气量减少，燃料系易产生气阻，混合气的浓度增大，汽车的动力性、经济性均降低，冷车起动困难。上长坡时冷却水易沸腾；制动气压下降，液压制动系易产生气阻，车辆的制动效能降低；轮胎气压相对较高，车轮容易损坏。

2. 高原地区驾车注意事项

（1）初到高原的人会因缺氧而感到头晕、心悸、耳鸣、呼吸困难、四肢无力、容易疲劳。驾驶员应适当减小活动量，做短暂休息，待逐渐适应后再行车。

（2）出车前应做好车辆维护，加强冷却系的密封，并带足燃料和备用冷却液及易损配件和必要的医疗用品。

（3）因空气密度小，空气压缩机的进气量减少，储气筒气压下降，制动效能减弱。因此要随时注意制动器的工作效能，慎用行车制动器，发现异常应立即停车检查。

3. 高原地区驾驶要领

（1）对发动机加装增压器、调整点火时间，使其动力性和经济性得到改善。

（2）可在散热器前面装帘布或用百叶窗控制空气流量，防止发动机过热或过冷。

（3）加强冷却系的密封性，减少冷却液漏失，提高冷却液的沸点，避免过早溢出。

（4）采取隔热或降温措施，防止液压制动器与离合器的液压传动装置因气阻而失效。

（5）经常在高原行驶的汽车应适当调低轮胎气压。

（6）在高原地区驾驶车辆时要做到：判断道路情况准确，掌握好转向时机，换挡要及时而迅速。

二、沙漠道路驾驶

1. 沙漠道路的驾驶操作方法

（1）尽量保持直线行驶，握稳转向盘。

（2）通过沙漠路段前，应停车仔细观察沙层和沙丘的厚薄、软硬和干湿情况，掌握情况后，决定通过方法和行走路线。

(3) 尽量循前车辙行驶，并避免绕行超车。

(4) 行驶中尽量减少换挡，如果必须换挡时，动作要敏捷，要保证汽车有足够的行驶惯性。

(5) 驱动轮打滑时应立即停车，先排除车轮周围的积沙，将车倒退一段距离后，再挂低速挡匀速前进。不能在原地继续驱动，防止越陷越深。

2. 险情处理方法

(1) 若车已陷住，应首先用随车所带的铁锹排除积沙，然后用木杠、垫木将驱动轮撬起，将木板、树枝、圆木等材料垫入轮下，再挂低速挡匀速驶出。如果无法解脱困境，不可强行驱动，防止越陷越深而给救援增加困难。

救援被陷车辆时，救援车要选择比较坚实的地点停车，防止双双陷入沙坑。

(2) 如遇大风飞沙，应选择避风处及时停车熄火，防止微细沙粒被发动机吸入汽缸而加速机件磨损。

(3) 在沙漠路段需要停车时，要选择比较坚实或有草皮的地方停放车辆，或在驱动轮下垫入木板，以免车轮下陷而造成起步困难。

三、林区驾驶

林区驾驶需注意以下问题：

1. 在林区公路上须降低车速，居中行驶。遇会车时，应选择宽阔地段。

2. 行驶中应注意两侧过低的树枝和树杈碰擦车厢及货物。

3. 在新开辟的便道上行驶，须注意树木砍伐后的余根、残干和树坑等障碍。

4. 装载长木料的车辆通过林区的狭路、弯路时，要注意掌握转向时机。如转弯困难，可用侧方移位等方法改变方位。

5. 通过生疏的林区道路很容易迷失方向。应注意行车方位，并做好路标。

6. 在新开辟的林区道路行车，要警惕野兽的出没，防止人员受到伤害。如果发现猛兽，不可盲目下车。

模块 6 牵引驾驶

汽车拖带挂车或拖拽汽车行驶称为牵引驾驶。汽车的牵引方法有两种，一种是软连接牵引，另一种是硬连接牵引。

一、牵引装置的种类及特点

1. 硬连接牵引

硬连接牵引装置一般有三角架、铰接、伸缩和单杠四种形式。其中三角架式广泛用于拖带挂车；铰接式多用于半挂车和通道式客车；伸缩式多用于长料挂车；单杠式主要用来拖拉有故障的车辆。

2. 软连接牵引

软连接牵引则是以钢丝绳、铁链或粗麻绳等为连接主件，只能承受拉力，一般用于应急牵引，不能用于正常的运输生产及远距离牵引。

二、牵引驾驶方法及注意事项

1. 出车前除按照规定对牵引车进行常规检查外，还应检查拖钩、牵引架、牵引绳索等装置是否完好和牢固。

2. 行驶前应注意观察牵引车与被牵引车之间是否有人、牲畜及障碍物。

3. 起步后缓慢向前移动，待牵引装置拉紧后，再逐渐踏下加速踏板开始正常行驶。防止起步时牵引车与挂车的冲撞。

4. 换挡敏捷、平稳，防止牵引车与挂车冲撞。

5. 转弯时应提前减速，靠弯道外侧行驶，以保证被牵引车顺利通过。

6. 行驶中尽量减少曲折前进，遇障碍物要提前避让，以免被牵引车摇摆而失去控制。

7. 下坡时，应预先挂低速挡控制车速，下坡途中尽量避免突然减速和紧急制动。

8. 牵引车要保持匀速行驶，被牵引车应灵活使用制动，尽量保持牵引绳索处于拉紧状态；行驶路线应与牵引车一致或稍靠左侧，以便观察被牵引车情况。

9. 被牵引车制动失效时，须用硬连接牵引装置，切忌使用软连接装置勉强行驶。

10. 拖带挂车行驶中，若感到牵引车车速突然加快或发动机动力突然加大，可能是挂车脱钩；若感到突然行驶无力，可能是挂车发生故障；若感到突然摇摆，可能是挂车的轮毂轴承松动；遇到上述几种情况，必须立即停车检修，不可勉强行驶。

11. 牵引车装载要分布均匀，自身空载时，不可牵引重车，以防驱动轮滑转而丧失牵引能力。

复习题

一、判断题

1. 通过桥梁前，应注意桥头附近的交通标志，适当加速通过。（　　）
2. 通过单行隧道，若观察对面无来车时，可鸣喇叭加速通过。（　　）
3. 遇有障碍物在路中，且两侧均可通过时，应选择安全的一侧通过，一般应沿右侧通过为宜。（　　）
4. 汽车通过较大坑洼或较宽沟槽时，应脱挡驶入。（　　）
5. 汽车发生侧滑时，应松抬加速踏板，不得使用制动器，同时将转向盘向后轮侧滑相反的方向转动。（　　）
6. 汽车涉水，应低挡加速通过。（　　）
7. 汽车遇风、雨雾天气，能见度在 30 m 以内时，时速不准超过 20 km。（　　）
8. 雾天能见度低，驾驶车辆超越其他车辆时，鸣喇叭从左侧超越。（　　）
9. 在冰雪道路上行车，应利用驻车制动器进行制动。（　　）
10. 在雨雪天气或结冰的道路上会车时，应靠右慢慢通过。（　　）

二、选择题

1. 车辆行驶中突然落入水中，应当（　　）逃生。

   A. 立即开门跳车

   B. 车落稳后，开门游出

   C. 车落稳后，用脚踹碎车玻璃游出

2. 车辆进入隧道时，（　　）。

   A. 鸣喇叭，迅速行驶

   B. 适当减速行驶，并开前照灯

C. 保持车速多鸣喇叭行驶

3. 汽车通过较大坑洼或较宽沟槽时，应（　　）。

A. 加速驶入　　B. 减速驶入　　C. 脱挡驶入

4. 在泥泞的路段行车时，应选择较好的路面行驶，防止产生（　　），避免发生事故。

A. 滑溜　　B. 侧滑　　C. 走动

5. 汽车在泥泞道路上行驶，遇有车轮空转打滑，应（　　）。

A. 提高发动机转速

B. 向左或右打方向，再前进

C. 挖去泥浆铺上沙石草木

6. 汽车涉水前，应（　　）。

A. 高速通过　　B. 低挡加油通过　　C. 低挡平稳通过

7. 车辆涉水时，制动盘鼓可能受到水的浸泡，制动效能降低。出水后，驾驶员应该在条件好的路段上（　　），以保证制动。

A. 使用制动器，排干水分

B. 停车晾晒

C. 拆下制动盘鼓，擦干水分

8. 汽车涉水后，制动性能比原来（　　）。

A. 差　　B. 相同　　C. 强

9. 汽车上船停稳后，应（　　）。

A. 拉紧驻车制动器，将变速杆移入一挡

B. 拉紧驻车制动器，将变速杆移到空挡

C. 不需拉驻车制动器，将变速杆移入倒挡

10. 除拖拉机外，其他机动车遇风、雨雾天，能见度在 30 m 以内，应（　　）。

A. 停车，不能行驶　　B. 时速不准超过 20 km　　C. 须注意观察，靠边行驶

11. 雨天驾驶车辆视线不清道路滑湿，行人和非机动车（　　）失常，应降低行速度，尽量避免紧急制动。

A. 精神　　B. 动态　　C. 行驶

12. 由于连雨天气，路基长时间被冲刷，可能会出现（　　）和堤坡坍塌现象，因而应选择公路中间坚实的路面行驶。

A. 牢固　　B. 疏松　　C. 流失

13. 遇有大暴雨或特大暴雨时，应选择安全地点停车，并开启（　　）示意来往车辆。

A. 雾灯　　B. 示宽灯　　C. 近光灯

14. 雾天驾驶车辆，要靠右行，与车辆及行人保持充分的（　　）距离。

A. 安全　　B. 很大　　C. 很小

15. 大雾天气行驶中，应开防雾灯严密观察注视前方一切交通情况，适当（　　）引起

车辆、行人注意。

A. 前照灯　　B. 多鸣喇叭　　C. 中速行驶

16. 雾天能见度低，驾驶时（　　）车辆。

A. 严禁超越　　B. 可以超越　　C. 超越其他车辆时必须鸣喇叭

17. 在严寒地区，出车前应对发动机（　　）以便于起动发动机和减少机件磨损。

A. 多加点机油　　B. 进行保温　　C. 预热加温

18. 车辆在结冰的路面上行驶，由于附着系数（　　），极易产生滑移。

A. 很小　　B. 很大　　C. 很少

19. 在冰雪道上行驶，遇有情况需要减速时（　　）。

A. 应紧急制动　　B. 应换低速挡控制车速　　C. 应用手制动器

20. 在冰雪道路上，（　　）。

A. 猛打转向盘　　B. 避免猛打转向盘　　C. 不要打转向盘

21. 在冰路上驾驶车辆时，应保持中速或低速行驶，（　　）猛抬或急踏加速踏板。

A. 允许　　B. 禁止　　C. 适当

22. 在冰路上行车，应尽量利用（　　）的牵阻作用降速。

A. 发动机　　B. 驻车制动器　　C. 脚制动器

23. 在冰路行驶与前车的安全距离一般在（　　）m 以上。

A. 30　　B. 15　　C. 50

24. 在冰路上行驶，尽量少转转向盘，以防（　　）。

A. 侧滑　　B. 溜车　　C. 倒车

25. 车辆在结冰的路上行驶，应在（　　）上安装防滑链，以增强附着性能。

A. 被动轮　　B. 前轮　　C. 驱动轮

26. 在雨雪天气或结冰的道路上会车时，应（　　）。

A. 靠右慢慢通过　　B. 停车避让　　C. 稳住车速，不要惊慌

27. 行车中遇到轮胎爆裂，应当（　　）。

A. 抢挡减速

B. 握稳转向盘，平稳停车

C. 低速行驶，找地方换胎

28. 大型货车拖带挂车时，会感到（　　）。

A. 转向不稳　　B. 转向失去控制　　C. 转向盘沉重

【单元七】

道路运输

模块 1　货物运输

一、货物性能及分类

1. 货物的性能

（1）耐湿性。货物对水分或潮湿的抵抗能力称为耐湿性。某些货物在吸收水分或受潮后，会使其成分及性能发生变化。对于这种货物，在运输过程中，要注意做好货物的防水及防潮。

（2）耐温性。货物在外界温度变化时，不致被破坏变质和显著降低其使用价值的能力称为耐温性。在装运耐温性差的货物时，一定要采用隔热措施。

（3）脆弱性。货物受到外力冲击及重压时，抵御破碎及变形的能力称为脆弱性。在运输具有脆弱性的货物时，不仅应注意其包装对货物的保护能力，还要在装卸时小心轻放，行车中避免振动。

（4）互抵性。互抵性是指两种货物互相接触产生有害的作用。具有互抵性的货物，严禁混装及混合储存。

（5）易腐性。货物在一般温度、条件下，由于本身的物理或化学变化，导致迅速腐败的特性称为易腐性。具有易腐性的货物不仅要及时运送，还要采取相应的防腐措施。

（6）自燃性。货物虽未与明火接触，但由于自身的氧化作用就可燃烧的称为自燃性。这种货物在运输过程中，一定要由经过专业培训的人员运输，还应注意密封，避免与空气接触。

（7）易燃性。货物本身极易燃烧，且能挥发出可燃气体，当与空气混合后，接触火星就会发生燃烧。易燃性货物一定要由经过专业培训的人员运输，在运输过程中要严格密封。

（8）毒害性。含有有毒元素或气体的货物称为毒害性货物。这种货物在运输过程中，要由经过专业培训的人员运输，注意密封，避免与人和其他货物接触。

（9）腐蚀性。对其他多种货物具有腐蚀作用，且易伤害人体的货物称为腐蚀性货物。这种货物在运输过程中要注意密封，由经过专业培训的人员负责运输。

（10）爆炸性。经受高温、明火或碰撞时会引起燃烧爆炸的货物称为爆炸性货物。这种货物在运输过程中，一定要由经过专业培训的人员运输，注意降温、远离明火，行车中要避免剧烈振动。

（11）放射性。货物本身能放射出穿透力很强、对人体伤害很大的危害物质，但人们的感觉器官却很难察觉其危害，这种货物称为放射性货物。在运输过程中，一定要由专业运输人员运输，并注意防止货物泄漏。

2. 货物的分类

(1) 按货物性质分类

1) 普通货物。指不需要用特殊车辆载运的货物，如日用工业品、钢材、木材、煤炭、一般建材等。

2) 特种货物。指在运输过程中，需要具有特殊结构的车身装载，并要采用特种保护措施运送的货物，如笨重货物、贵重货物、鲜活货物、危险货物等。

3) 轻泡货物。指密度小于 333 kg/m^3 的货物。这类货物体积大、堆码重心高，运输过程中货物的稳定性差。

(2) 按装卸条件分类

1) 计件货物。指每件货物都有一定的质量、体积和形状，可以按每件货物的质量或体积进行计量装运。

2) 堆积货物。指那些可以成堆堆放的货物，装卸过程中采用输送带、铲斗或抓斗的方法进行操作，如煤炭、沙石等。

3) 灌注货物。指无包装的液态和由小颗粒和粉末构成的货物，如谷物、散装水泥、汽油等。

(3) 按运输形式分类

1) 零担运输货物。指一次托运质量不足 3 t 的货物。这类货物具有运量零星、批量较多、流向分散、品种繁杂的特点。零担货物运输的计划性差，组织工作复杂，运输成本较高。

2) 整车运输货物。指一次托运的货物质量在 3 t（含 3 t）以上，需用 1 辆或 1 辆以上的车辆运输。

3) 大型货物。指外形尺寸超出标准运输车辆的货物。大型货物运输应具备货物外形尺寸长度在 14 m 以上或宽度在 3.5 m 以上，质量在 20 t 以上的单体货物或不可解体的成组（捆绑）货物运输的条件。

大型货物运输

集装箱牵引半挂车运输

4) 汽车集装箱货物。指采用汽车集装箱承运的货物。

二、货物的运输步骤

1. 填写道路货物运单

道路货物运单是道路货物运输的合同凭证，是运输经营者接受货物，在运输期间负责保管货物，并以此作为交付货物的凭证。

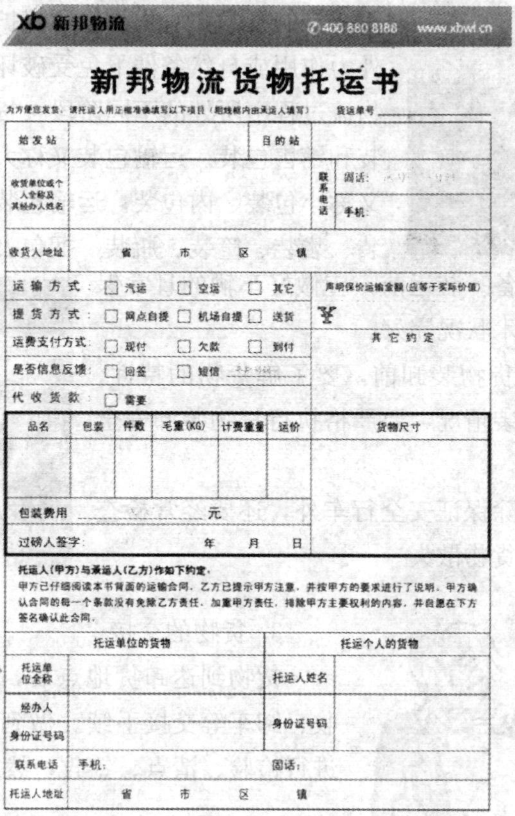

xb 新邦物流　400 880 8188　www.xbwl.cn

新邦物流货物托运书

为方便您发货，请托运人用正楷准确填写以下项目（粗线框内由承运人填写）　货运单号＿＿＿＿

始发站　　目的站

收货单位或个人全称及其经办人姓名　　联系电话　固话：　手机：

收货人地址　省　市　区　镇

运输方式：□汽运　□空运　□其它

提货方式：□网点自提　□机场自提　□送货

运费支付方式：□现付　□欠款　□到付

是否信息反馈：□回签　□短信

代收货款：□需要

声明保价运输金额（应等于实际价值）　￥

其它约定

品名	包装	件数	毛重(KG)	计费重量	运价	货物尺寸

包装费用＿＿＿＿元

过磅人签字：　年　月　日

托运人(甲方)与承运人(乙方)作如下约定：

甲方已仔细阅读本书背面的运输合同，乙方已提示甲方注意，并按甲方的要求进行了说明。甲方确认合同的每一个条款没有免除乙方责任、加重甲方责任、排除甲方主要权利的内容，并自愿在下方签名确认此合同。

托运单位的货物		托运个人的货物	
托运单位全称		托运人姓名	
经办人		身份证号码	
身份证号码			
联系电话	手机：	固话：	
托运人地址	省　市　区　镇		

道路货物运单

道路货物运单中应包括货物名称、质量、数量、体积、包装情况，货物托运人、收货人、承运人的姓名、地址、电话及邮编，装货地点、卸货地点，货物运输日期，货物价值。是否保价保险，货物运输要求及特约事项等基本内容。

道路货物运单有以下三种：

（1）甲种运单。适用于普通货物、大件货物、危险货物的汽车运输。

（2）乙种运单。适用于集装箱货物的汽车运输。

（3）丙种运单。适用于零担货物的汽车运输。

2. 货物运送

货物的运输品质是指货物的运输服务质量，其基本要求是完整、及时、经济、方便地将货物送到目的地。

（1）货物运输的具体要求

1）保证货物在承运期内，物资数量不减、性能不变，不破损、不污损、不湿损。

2）按用户的要求及时起运，准时到达。

3）在托运、装货、发货、收货、结算和卸货过程中，为托运人提供方便。

4）合理设计运输路线，合理收取运费、装卸费及综合费用。

（2）货物的包装。是指使用适当的材料或容器，并采用一定的技术，对货物进行保护和加固。使得货物在一般外力作用或自然条件下免受破坏、变质和损失。按货物在物流过程中所处的不同阶段，货物的包装通常分为运输包装和销售包装。运输包装又称大包装、外包装；销售包装又称小包装、内包装。运输包装的主要形式有：箱装、桶装、袋装、筐装、瓶装、捆包、集合包装等。

（3）运输车辆的准备。装运前，应做好车辆的日常保养工作，确保车辆的技术状况完好。

（4）货物的装卸。货物装卸前，要了解货物的特性、功能、种类、数量及包装情况，要严格执行货物装卸安全操作规程。

（5）货物运输途中除保证安全行车外，还要经常检查货物的捆扎情况，防止货物散失。

3. 货物的交接

货物到达卸货地点后，要及时办理货物验货、签收、卸车等交接手续。做到：先联系收货人，对货物进行检验、清点、签收，然后按指定卸货地点卸货。

模块 2　旅客运输

旅客运输是人们以载客汽车为工具，通过道路实施位移的生产活动。对旅客运输的要求是安全、方便、及时、舒适、经济。

一、班车客运

以道路和站点为基础，在城市与城市、城市与乡村、乡村与乡村之间的不同距离的线路运输。基本特征是使用大中型客车，有规定的停车站点、行驶路线和规定的发车班次。这是道路客运中最主要和最基本的运输方式。

1. 班车客运的车辆按其动力性、舒适性分为普通客车、中级客车、高级客车和卧铺客车。

（1）普通客车。指无特殊舒适性装备的客车，包括普通大、中、小型客车。

（2）中级客车。指比普通客车舒适性提高、备有宽软坐椅、设有空调的客车。包括中级大型、中级中型、中级小型三种类型。

（3）高级客车。指舒适性高、密封性好，具有高级软坐椅、空调等设备的客车。包括高级大型、高级中型、高级小型三种类型。

卧铺客车

（4）卧铺客车。指具有可调卧铺，备有行李舱的客车。一般分中级和高级卧铺车。

2. 班车客运按其运营特点还可划分为直达班车、普快班车、普通班车和城乡公共汽车。

（1）直达班车。指由始发站直达终点站，中途只做必要停歇，但不上下旅客的班车。

（2）普快班车。指站距较长，沿途只停靠县、市及较大乡、镇等主要站点的班车。

（3）普通班车。指站距较短、停靠站点（含招呼站）较多，配备随车乘务员的班车。

（4）城乡公共汽车。指往返于城乡之间、站距较短、旅客上下频繁、并设随车乘务员的短途班车。

二、旅游客运

旅游客运与其他几种客运方式相比有其特殊之处，按其营运方式分为旅游班车、区域旅游车和旅游包车。

1. 旅游班车在客运形式上与一般的客运班车相同，实行定线、定班、定点，其区别是旅游班车客运终点是风景游览点，服务对象是旅游者。

2. 区域旅游车也是在风景区行驶的旅游客运车，但是它没有固定的线路和班次，只在确定的区域内，根据旅游客流的变化，灵活地增减某些线路和景点的车次。

3. 旅游包车是按照用户要求的线路、景点、时间，运送团体旅客，并停靠等待旅客。

旅游客运具有地域性、季节性强的特点，客运量均衡性较差，服务对象对质量要求较高。旅游客运要严格执行国家的有关规定，并对乘坐人员的安全负一定的责任。

三、出租客运

1. 出租分类

出租汽车客运的特点是以轿车、小型客车为主，根据乘客要求的时间和地点行驶，按里程或时间计费。目前，我国出租汽车提供的服务，按租车的方式分为以下几种：

（1）沿途招呼租车。即乘客随时在道路上招呼空驶出租车，这是最方便、服务量最大的一种方式。

（2）电话租车。乘客通过电话向出租汽车调度站或营业站租车，由调度站或营业站从距乘客上车地点最近的服务点派车，或通过电话与乘客所在区域运行的出租车联系，就近派车。

（3）乘客去营业站或停车场租车。这是车站、机场、宾馆等公共场所的乘客常使用的租车方式。

（4）预约登记租车。指乘客在用车前几小时或十几小时预约租车业务，去调度站或通过电话预约，由调度站按时派出乘客所需车辆。

由于出租汽车是单车经营，无固定线路，容易发生乱收费、服务质量差等问题，也容易发生乘客或驾驶员的意外伤害事件。

2. 出租汽车客运管理

（1）出租汽车驾驶员必须具备相应的业务知识和职业道德，尤其要在政治思想和道德品质方面严格把关。上岗前应进行培训，包括运输法规教育和精神文明教育。对经考核符合要求的司机，发给具有姓名、编号、服务单位、发证机关等内容的出租汽车营运证。

（2）出租汽车在营运过程中，驾驶员必须随车携带车辆行驶证和驾驶执照，携带由交通管理部门核发的出租车营运证明，便于乘客监督，并装好出租汽车标志灯、保持车内整洁。

（3）出租汽车在无乘客时，应显示空车待租标志，不得无故拒载乘客，在承载乘客去目的地时，也不应无故绕路行驶。

（4）出租车要装置经有关部门检验合格的计价器，并合理收费。

四、包车客运

包车客运是将客车包租给用户安排使用，按行驶里程或包用时间计费的一种营运方式。包车客运是客运企业一种附带的运输服务经营方式。班车客运企业、出租汽车企业乃至个体客运户都可以附带经营包车客运业务。其经营形式是用户先到企业预约，企业按用户要求派车，并按用户的要求行驶与停靠。包车客运的用户大多数是单位和团体，使用时间双方商定。

模块 3 危险物品运输

危险物品运输是技术性、专业性很强的运输工作，对承接危险物品运输企业的经营资质、车辆设备、技术条件、从业人员的思想素质等均有严格的要求。

一、危险物品的分类与特性

汽车运输的危险物品分为爆炸品、压缩气体和液化气体、易燃液体、易燃固体（包括自燃物品和遇湿易燃物品）、氧化物品和有机过氧化物、有毒有害品和感染性物品、放射性物品、腐蚀品 8 种，其物品名称及特性如下：

1. 爆炸品

是指在外界条件作用下，如受热、撞击后能发生剧烈的化学反应，产生大量气体和热量，瞬时释放大量能量的一种现象。比如烟花、鞭炮、炸药、雷管等。

2. 压缩气体和液化气体

压缩气体和液化气体在储存、运输过程中具有危险隐患，当储存这些液化气的容器受到剧烈的振动或高温时，液化气会产生猛烈的膨胀，如果膨胀的能量大于容器的承受能力，就会发生爆炸。

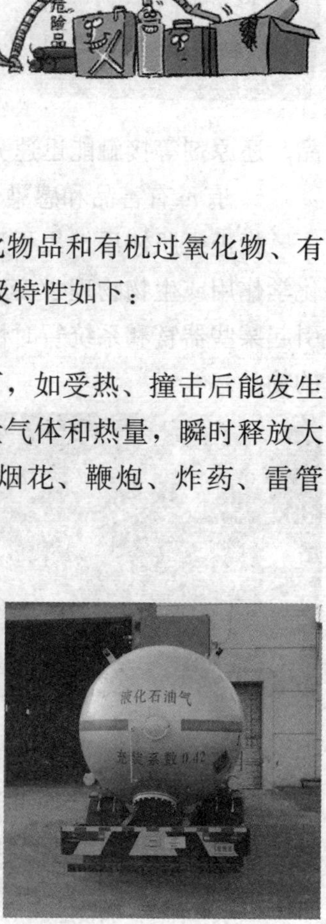

3. 易燃液体

易燃液体遇火花能与氧气发生剧烈化合作用而燃烧。当可燃蒸气的浓度达到一定程度时，遇明火就会发生燃烧和爆炸。比如汽油、酒精等。

4. 易燃固体、自燃物品和遇湿易燃物品

（1）易燃固体。遇明火可点燃，其粉尘具有爆炸性。

（2）自燃物品。不需明火也会自行燃烧，受潮后会增加自燃的危险性，大部分自燃物品的化学特性都很活跃，与水反应剧烈，接触氧化剂会立即爆炸。

（3）遇湿易燃物品。具有遇水燃烧和自燃性（如硼酸类物质），潮湿后释放出的易燃气体遇明火能引起爆炸（如乙炔）。

5. 氧化剂和有机过氧化物

氧化剂是指处于高氧化态，具有强氧化性，易分解并放出氧和热量的物质。包括含有过氧基的有机物，其本身不一定可燃，但能导致可燃物的燃烧；与松软的粉末状可燃物能组成爆炸性混合物，对热、振动或摩擦较为敏感。

氧化剂遇酸碱、高温、振动、摩擦、撞击、受潮或与易燃物品、还原剂等接触能迅速分解，有引起燃烧、爆炸的危险。

6. 有毒有害品和感染性物品

海洛因

指进入肌体后，累积达一定的量，能与体液和组织发生生物化学作用或生物物理学变化，扰乱或破坏肌体的正常生理功能，引起某些器官和系统暂时性或持久性的病理改变，甚至危及生命的物品。

铀石

7. 放射性物品

放射性物品能够自行放出穿透力很强，而人的感觉器官又不能察觉的离子流（射线），比如金属铀。大剂量地接受毒品射线，易使人患放射病，最后甚至死亡。

8. 腐蚀品

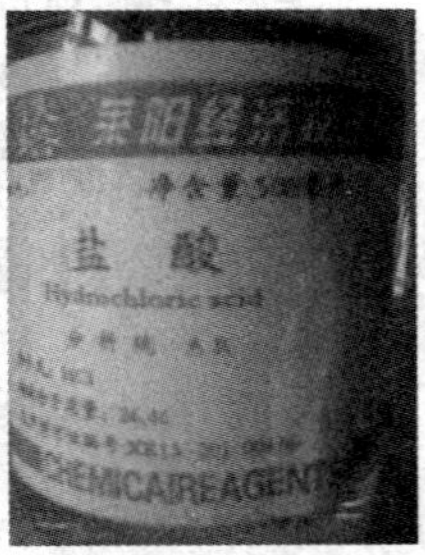

腐蚀品是化学性质非常活泼的物质，能与很多金属、非金属及动植物肌体发生反应，比如盐酸。腐蚀品不仅具有腐蚀性，很多腐蚀品同时还具有毒性、易燃和氧化性。

二、危险物品包装及标志

危险物品包装的作用是保证被包装的危险物品免受阳光照射、防雨、雪，隔潮气和杂质，使危险物品在运输过程中减少冲击、碰撞、摩擦和挤压，保证危险物品不泄漏、不挥发；并为危险物品的码放、储存、搬运和保管提供方便。

危险物品包装所用材质应与危险物品的性质相适应，并具有相应的强度，能经受运输过程中正常的冲击和振动。包装的单件质量、规格和形式，应适合运输的要求。

包装外表面明显位置应有醒目的危险物品标志，负责运输危险物品的驾驶员应熟知或熟记。

危险物品标志

三、经营危险物品运输的条件

1. 经营单位的条件

经营危险物品运输的单位必须具备审核部门章程所规定的条件，有完善的企业章程，有合法的法定代表人，有健全的生产经营机构。

根据危险物品运输与装卸管理的需要，经营危险物品运输与装卸的单位，应设置相应的职能部门。

从事危险物品运输与装卸作业的人员（包括驾驶员、装卸工、打包工、保管员、押运员、管理人员等），应参加当地运营管理机关组织的“危险物品运输与装卸作业人员知识、技术培训”，经考试合格后持证上岗。

2. 经营单位（者）的车辆及设备条件

（1）运输车辆应是新车或达到一级车况的在用车，并具有公安部门核发的有效车辆行驶证。

（2）从事危险物品运输车辆的结构、内在质量，应符合国家标准的规定。

（3）车辆的驾驶室、客货两用箱内不准装运危险物品。

（4）各种装卸机械、工具要有足够的安全系数。

（5）装卸易燃、易爆物品的机械，必须要有防止产生火花的防爆装置。

（6）使用的夹具不得粘有与所装危险货物性质相抵触的污染物。

3. 危险物品运输的注意事项

（1）凡装运危险物品的车辆，必须按照国家标准的要求，悬挂规定的危险货物标志。

（2）全挂货运汽车列车（即牵引全挂汽车）、三轮机动车、非机动车（含畜力车）、摩托车、拖拉机不准装运爆炸品、氧化剂、有机过氧化合物；拖拉机不准装运压缩气体、液化气体、一级易燃物品；自卸车辆不准装运除二级固体危险品（指散装硫黄、萘饼、粗蒽、煤焦沥青等）之外的危险货物。

(3) 未经道路运营管理机关检验合格的常压容器，不得装运危险物品。

(4) 营业性危险物品运输必须使用统一规定的运输单证和票据，并加盖危险物品运输专用章；凡运输危险物品的单位，必须每月向当地运营管理机关报送危险物品运输报表。

(5) 专门从事危险物品运输的单位，要加强基础设施的建设，逐步设置危险货物专用停车场及专用仓库。

(6) 从事危险物品运输车辆维修、改装的单位，必须配备防爆、去污清洗等设备，划定专用危险物品运输车辆修理车库。

(7) 在危险物品运输过程中，发生燃烧、爆炸、污染、中毒事故，驾乘人员必须根据承运危险品的性质，采取相应急救措施，并及时向当地有关管理机关报告。

(8) 接到危险品运输事故报告后，道路管理机关应派人及时赶赴现场，协助组织抢救，并做好事故记录。

(9) 凡发生人身伤亡或重大经济损失的危险品运输事故，事故发生地的运营管理机关应在 3 天内将事故报告上级机关，并在 30 天内提出处理意见报上级交通主管部门。

复习题

一、判断题

1. 道路货物运输是人们以载货汽车为主要运输工具，通过道路使货物产生空间位移的生产活动。 (　)
2. 货物运输的基本要求是：迅速、准确、完整、安全地把货物从起运地送到目的地。 (　)
3. 物体的耐湿性是指物体对水分或潮湿的抵抗能力。 (　)
4. 道路货物运输按运输形式分为普通货物和特种货物两种。 (　)
5. 货物的包装与商品销售有着密切的直接关系，与货物安全运输没有直接关系。 (　)
6. 货物的包装通常分为运输包装和销售包装两种。 (　)
7. 在运输过程中，为了防止多种货物互相混淆，并能清楚地表明货物的属性，货物应有各种规定的标志。 (　)
8. 货物标志是指用文字或图案印写在货物内包装上的符号。 (　)
9. 配载时，固体货物与流体货物只要没有互抵性，可以拼装运输。 (　)
10. 配载时，有不良气味的货物不可以与食品拼装。 (　)
11. 易碎物品、易磨损的袋装货物不能与包装不规则的贵重物品拼装。 (　)

12. 道路货物运单是道路货物运输及运输代理的合同凭证。（　）
13. 货物装运途中，除确保行车安全外，还应经常检查货物捆扎、堆垛情况，防止货物丢失。（　）
14. 禁止用装过危险化学品的车辆运输粮食。（　）
15. 运输钢铁类货物时，装载要均匀平衡。（　）
16. 整车运输是指托运人一次托运货物 3 t 以上或不足 3 t，但其性质、体积、形状需要一辆 3 t 以上汽车的运输。（　）
17. 熟知货物的性质和对运输的基本要求，是搞好整车和零担运输配载、装卸、运行的重要条件。（　）
18. 零担班车运输具有安全、快速、方便、价廉、服务周到、运送方法多样的特点。（　）
19. 零担货物配载时，货物实际质量允许超过承运车辆的核定吨位。（　）
20. 零担货物装车时，驾驶员须同理货员一起核单监装。（　）
21. 道路旅客运输按其营运方式分类，主要有市区公共客运、短途客运和长途客运 3 类。（　）
22. 道路旅客运输按其运输区域划分，主要有班车客运、出租车客运、旅游客运、包车客运和定线客运 5 类。（　）
23. 定线客运有固定的线路和站点，乘客不可以沿途招手停车、就近上下车。（　）
24. 直达班车中途只作必要的技术性、生活性停歇，不上下旅客。（　）
25. 班车途中停车休息，重新开车前驾乘人员应认真清查人数。（　）
26. 乘客在车上发生急病或意外伤害时，应迅速送往医院救护，并及时报告有关部门。（　）
27. 出租车驾驶员遇乘客招手要车时，任何情况下都必须呼应。（　）
28. 对乘客携带的物品乘坐出租车时不得另外收费。（　）
29. 出租车驾驶员无正当理由不得拒载。（　）
30. 出租车营运必须接受客运管理稽查和其他有关部门的检查，在规定允许停靠的路段遇招手即停车。（　）
31. 出租车计价器应准确、有效，不得使用失准或损坏的计价器。（　）
32. 从事危险化学品运输活动的人员，必须接受有关法律、法规、规章和安全知识、专业技术、职业卫生防护和应急救援知识的培训，并经考核合格，方可持证上岗。（　）
33. 运输危险化学品，必须配备必要的应急处理器材。（　）
34. 对从事危险化学品运输的驾驶员、装卸管理人员、押运人员，应进行有关安全知识培训。（　）
35. 运输、装卸危险化学品，应当依照有关法律、法规、规章的规定和国家标准的要

求，并按照其特性采取必要的安全防护措施。（　　）

36. 运输危险化学品的车辆，不得进入危险化学品运输车辆禁止通行的区域，确需进入该区域的，应当事先向当地公安部门报告，按其指定的时间和路线行驶。（　　）

37. 危险货物具有易燃、易爆、毒害、腐蚀、放射性等性质。（　　）

38. 危险货物运输事故的应急处理是社会防灾与减灾系统的重要组成部分。（　　）

39. 各种车辆的驾驶室及各类客车、客货两用厢式车、微型栏板车，不准装运危险货物。（　　）

40. 两轮或三轮摩托车只能运送小件危险物品。（　　）

41. 汽车运输危险物品时，在确保安全的情况下，不必悬挂危险品标志灯、牌。（　　）

42. 装运危险化学品的车辆，不得客货混装。（　　）

43. 发生危险货物运输事故，驾乘人员必须采取相应的救急措施，并向当地有关部门报告。（　　）

44. 危险品标志牌应放在车辆尾部的左侧，与右侧行车牌号对应。（　　）

45. 生产、储存、经营、运输和使用危险化学品或者处置废弃危险化学品的单位，必须建立健全危险化学品安全管理制度。（　　）

46. 《汽车危险货物运输规则》将危险货物分为 8 类。（　　）

47. 装卸易燃、易爆危险货物的机械和工具，必须有消除产生火花的措施。（　　）

48. 禁止使用汽油或煤气作燃料的汽车运输爆炸品。（　　）

49. 爆炸品装车前，应将车厢清扫干净，排除异物，装载量不得超过额定负荷。（　　）

50. 雷管和炸药不能同车装运，但允许两车在同时、同一场地进行装卸。（　　）

51. 运输爆炸品，当多辆车列队行驶时，车辆与车辆之间至少保持 20 m 以上的安全距离。（　　）

52. 压缩气体有的虽不能燃烧，但其压力的存在，同样使其具有爆炸危险性。（　　）

53. 装卸放射性物品，应做好充分准备，尽量减少操作或接触货包的时间。（　　）

54. 装卸放射性货物过程中，严禁吸烟、饮水、进食。（　　）

55. 放射性货物可以与其他危险货物混装配载。（　　）

56. 腐蚀品对人体的伤害通常称为化学灼伤，与火烧伤、烫伤的性质相同。（　　）

57. 装卸腐蚀品应轻装轻卸，为防止撞击、跌落，多采用肩扛、背负、搅抱的方法。（　　）

58. 腐蚀品都可以混储、配载。（　　）

二、选择题

1. 道路货物运输生产的产品是货物的“（　　）”。

A. 品种　　B. 位移　　C. 周转量

2. 货物不与明火接触，由于氧化作用产生燃烧的性能，称为（　　）。

A. 易燃性　　B. 自燃性　　C. 可燃性

3. 凡具有自燃、易燃、易爆、腐蚀、毒害、放射性等性质的货物统称为（　　）。

A. 普通货物　　B. 危险货物　　C. 毒类货物

4. 物体含有毒元素或气体，有危害人体健康的性能称为（　　）。

A. 腐蚀性　　B. 感染性　　C. 毒害性

5. 箱、桶、袋、筐等包装容器常称为（　　）。

A. 内包装　　B. 外包装　　C. 小包装

6.（　　）往往造成装载堆码重心过高。

A. 普通货物　　B. 矿物性建筑材料　　C. 轻泡货物

7. 无包装的液态货物以及许多小颗粒或粉末构成的货物是指（　　）。

A. 灌注货物　　B. 堆积货物　　C. 计件货物

8. 普通货物是指不需用特殊结构的（　　）载运的货物。

A. 装卸机械　　B. 车辆　　C. 起重设备

9. 有一定的质量、形状和体积，可按一定体积和一定质量计量装运的货物称为（　　）货物。

A. 计件　　B. 堆码　　C. 灌注

10. 由承运部门编制的货物标志是（　　）。

A. 商品标志　　B. 包装标志　　C. 运输标志

11.（　　）标志是由生产单位在货物出厂前按照国家标准统一标印。

A. 运输　　B. 发送　　C. 储运

12.（　　）不属于发送标志的内容。

A. 货物的质量、件数

B. 货物的特性、种类、型号、外形尺寸

C. 收发货人、送达地点

13.（　　）可烙印或粘贴在货物上。

A. 商品标志　　B. 发送标志　　C. 运输标志

14. 货物运输标志由（　　）编制。

A. 商品制造者　　B. 发货人　　C. 运输承运部门

15. 特别是（　　）装车后应度量长、宽、高，使货物符合车辆的装载规定。

A. 集装箱货物　　B. 零担货物　　C. 超限货物或轻泡货物

16.（　　）不宜装运易碎、怕振及贵重物品。

A. 大货车　　B. 小货车　　C. 挂车

17.（　　）运单适用于普通货物、大件货物和危险货物运输及运输代理业务。

A. 甲种　　B. 乙种　　C. 丙种

18.（　　）运单适用于集装箱汽车运输。

A. 甲种　　B. 乙种　　C. 丙种

19.（　　）运单适用于零担货物运输。

A. 甲种　　B. 乙种　　C. 丙种

20. 卧铺客车的显著特点是（　　）。

A. 重心位置较低，汽车稳定性好

B. 适于旅游观光

C. 不受时间限制，夜间可连续运行

21.（　　）是旅客运输品质的首要特征。

A. 舒适　　B. 安全　　C. 快捷

22.（　　）是道路客运最主要、最基本的运输方式。

A. 旅游客运　　B. 包车客运　　C. 班车客运

23.（　　）是站距较长，沿途只停靠县、市及乡、镇主要站点的班车。

A. 直达班车　　B. 普客班车　　C. 普快班车

24. 普客班车的特点是（　　）。

A. 站距较长，大站停靠

B. 站距较短，停靠站点较多

C. 站距较长，直达终点

25. 包车客运，按用户要求行驶，按（　　）计费。

A. 载客人数　　B. 里程和载客人数　　C. 里程或时间

26. 危险化学品运输工具的安全管理和人员的资质认定由（　　）部门负责。

A. 交通　　B. 公安　　C. 环保

27. 道路危险货物运输企业应有与其经营规模相适应的，坚实平整的停车场地，其面积应不少于实有车辆投影面积的（　　）倍。

A. 1　　B. 1.5　　C. 2

28. 凡未按规定办理危险货物托运手续，发生运输事故，由（　　）承担全部责任。

A. 承运人　　B. 托运人　　C. 驾驶员

29. 凡发生人身伤亡或重大经济损失的危险货物运输事故，当地运政管理机构应在（　　）天内上报。

A. 1　　B. 3　　C. 5

30. 危险品标志灯，必须放置在车辆驾驶室上方的（　　）位置。

A. 中央部位　　B. 左侧　　C. 右侧

31.《汽车危险货物运输规则》把危险货物定为（　　）。

A. 九类　　B. 八类　　C. 七类

32. 装卸、运输危险货物，车上人员（　　）。

A. 不可说话　　B. 严禁吸烟　　C. 允许饮食

33. 危险货物的危险性主要由物质的（　　）决定的。

A. 物理性质　　B. 化学性质　　C. 易燃性质

34. 爆炸物品在发生爆炸反应时，具有三个主要的特征是（　　）。

A. 反应速度快、释放大量的热、产生大量气体

B. 反应速度快、爆发力大、产生大量电光

C. 危害性大、破坏力强、产生大量电光

35. 毒害物使人畜中毒的途径一般通过（　　）侵入体内。

A. 呼吸道、消化道、皮肤

B. 呼吸道、皮肤、毛发

C. 皮肤、毛发、消化道

36. 装运易燃、易爆危险货物的车厢底板，宜采用（　　）为好。

A. 木板　　B. 钢板　　C. 钢板上铺谷草

37. 危险货物运输车辆的危险品标志牌应置于（　　）。

A. 车辆前保险杠左侧　　B. 车辆尾部左侧　　C. 车辆尾部右侧

38. 危险货物内、外包装间的衬垫材料应具有（　　）的作用。

A. 缓冲、吸附、缓解　　B. 密封、缓冲、吸附　　C. 缓冲、防潮、吸附

【单元八】

汽车维护与保养

模块1 车辆的日常维护

汽车日常维护非常重要，主要内容是清洁、安全检测、补给。对日常维护稍有大意，不仅会给车辆造成无谓的损伤，而且还危及行车安全。每天出车前、行车中、收车后，驾驶员都要进行维护。

一、出车前的维护

1. 检查燃料、机油量，不足时应予以添加。

检查燃油量

（1）检查燃油量。打开点火开关钥匙，观察燃油表，了解油箱储油量，也可打开油箱盖观察或用量尺测量。

检查机油油量

（2）检查机油油量。将机油尺上的油迹擦净后，插入机油尺孔，拔出查看油量。油位在上下刻线之间即为合适。如果超出上刻线，应放出多出的机油；如果低于下刻线，应从加油口处添加，待 10 min 后，再次检查油位。

在检查油位的同时，应注意检查机油是否泄漏以及污染程度。

2. 检查冷却液。

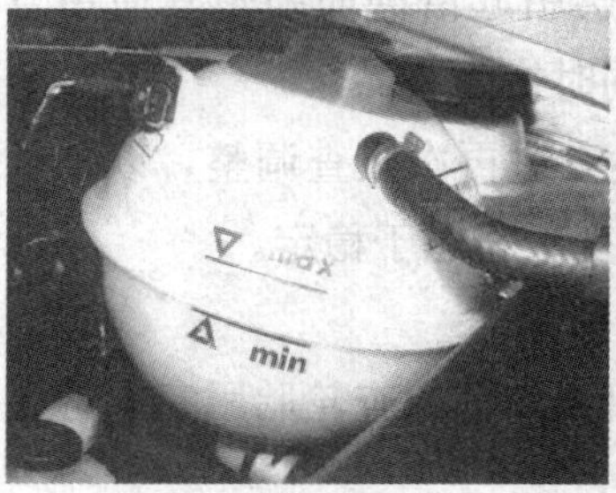

检查冷却液

检查冷却液时，对于没有膨胀水箱的冷却系统，可以打开散热器盖进行检视，要求防冻液液面高度应低于排气孔 50～70 mm（这是为了防止防冻液因温度升高溢出）；对于装有膨胀水箱的冷却系统，检查膨胀水箱的冷却水量应在规定刻线之间。

> **温馨提示！**
>
> 检查水量时，应在冷车状态下进行，检查后应扣紧散热器盖。补充冷却液时，应尽量使用软水或同样的防冻液。在添加前要检查冷却系统是否有渗漏现象。

检查制动液

3. 检查制动液。

正常制动液量位置应在储液罐的上限（H）与下限（L）刻线之间或标定位置处。当液位低于标定刻线或下限位置时，应把新的制动液补充到标定刻线或上限位置。

在添加或更换制动液时，要严格执行厂方有关规定，否则制动液的效能将会改变，制动零件会被损坏。如发现制动液量显著减少时，应注意查找渗漏部位，并及时修复，防止制动失灵。

4. 检查蓄电池

（1）检查蓄电池安装和连接的牢固情况。

（2）检查蓄电池电解液液面高度。

如果蓄电池壳为半透明状，可在壳壁上观察，液面高度应在外壳的上下刻线之间。如果蓄电池壳不透明，可打开蓄电池盖检查，液面应高出极板 10～15 mm。如果液面较低，应加注蒸馏水到规定高度处。

检查蓄电池

检查及调整发动机风扇传动带

5. 检查及调整发动机风扇传动带

（1）检查传动带有无损伤、剥落。

（2）检查风扇传动带的紧度，用拇指以 90～100 N 的力按压传动带中间部位时，挠度为 10～15 mm。如果不符合要求，按需要可调节发电机支架固定螺栓的位置进行调整。

（3）调整风扇传动带紧度时，稍微拧松交流发电机的上下固定螺栓后，用撬杆将整个交流发电机向里或向外移位调整传动带的紧度。调整后，应可靠地拧紧固定螺栓。注意不要将传动带调得过紧，否则会损坏风扇传动带和轴承。操作时应注意避免传动带的油脂污染，否则会引起滑磨而缩短其使用寿命。如果发动机使用的是两根传动带，更换时应把两根传动带同时换为新品。

换用的新传动带，当工作 30～60 min 后，其紧度应按上述方法再次检查调整，以延长其使用寿命。行驶 1 000 km 后，应再检查一次，以后传动带的变形将趋于稳定。

6. 检查轮胎。

检查轮胎螺栓紧固情况，发现螺栓松动应予以拧紧。除每日出车前检查轮胎固定螺母是否松动外，还应定期加以紧固轮胎螺栓。

检查轮胎的技术状况。轮胎气压对汽车的使用性能和轮胎的寿命有一定影响，每次出车前都应检查轮胎气压，必要时进行补气和调整。轮胎气压应符合以下规定要求：

检查轮胎侧面有无划伤，胎冠面有无裂纹。如有异常，应修补或更换。

检查轮胎花纹的深度，对于行驶在一般道路上的汽车，当其花纹深度小于 1.6 mm 时；对于行驶在高速公路上的车辆，当其花纹深度小于 2.5 mm 时，应更换。

有的厂家制造的轮胎胎冠侧面设有胎面磨耗（打滑 ）标记。当磨损量超过正常限度时，就会显露出来。这个标记是在横贯胎面上宽 12 mm 左右有一个凸起。发现这个标记时，应及时更换或翻新轮胎。如果发现轮胎有异常磨损时，应检查转向机构的技术状况，一般轮胎的异常磨损都是由转向系统故障造成的。

最后要清除轮胎花纹内的金属片、石块等夹杂物。

检查轮胎螺栓

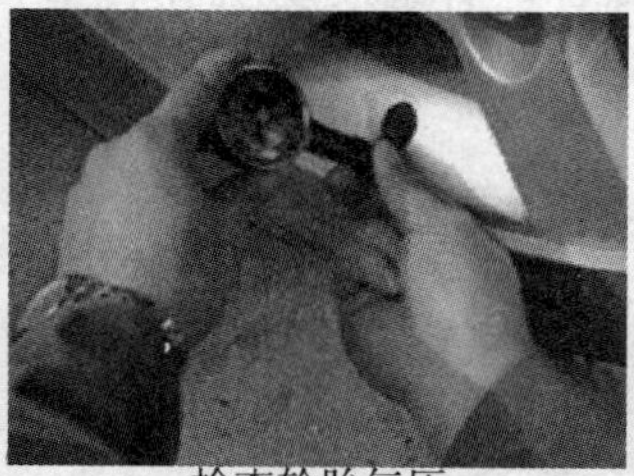

检查轮胎气压

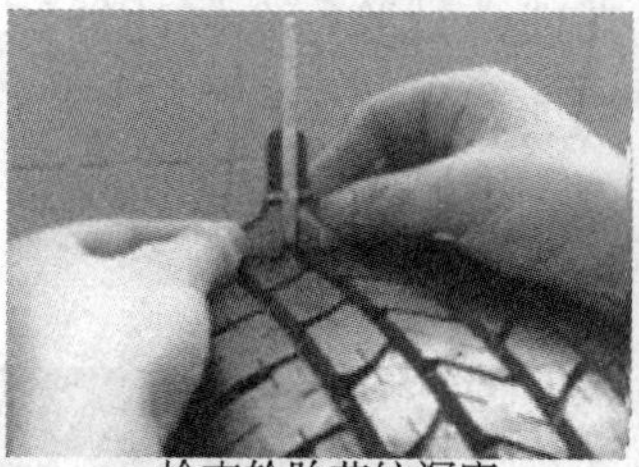

检查轮胎花纹深度

清除轮胎花纹间异物

检查轮胎

7. 检查转向盘游动间隙。

将汽车处于直线行驶时，左右转动转向盘（动力转向系统的车辆，应在起动汽车发动机后做此项检查），最大游动间隙由中间位置向左或向右应不超过 15°。如果游动间隙超过此标准，说明转向系统的各部间隙过大，需要对转向系统进行调整。

转向盘游动间隙检查

8. 检查灯光、喇叭等信号是否正常。

检查灯光

9. 检查各仪表、警报装置是否正常。

检查仪表、警报装置

10. 发动机运转后，听察发动机和各部位运转声，观察排气烟色，检查是否有“四漏”现象，即“漏油”“漏水”“漏电”“漏气”。

二、行驶中的维护

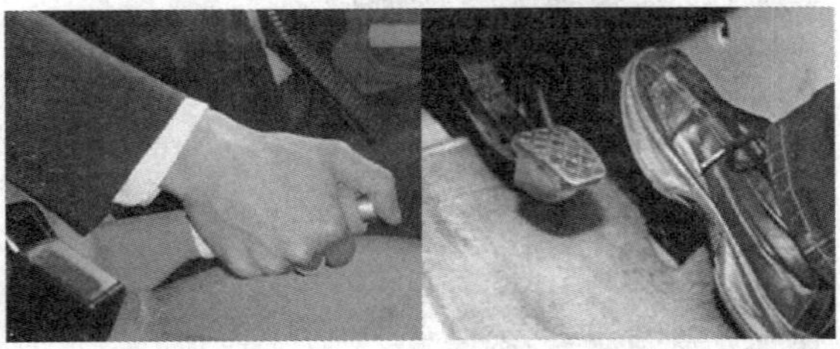

1. 试验

开始行驶时，试验离合器的接合、分离功能；试验行车制动器和驻车制动器的制动性能。

2. 行驶中的检查与观察

在行驶中，应随时注意各仪表的显示，注意发动机和底盘的工作状况：

（1）当发现警报灯亮或机油表显示机油压力低于正常时，应立即停车检查。

（2）当发动机水温低于正常温度（80～95℃）或高于95℃以上时，应停车检查风扇传动带紧度和冷却系统是否缺水或漏水等。

（3）燃油表的指针如果异常下降，应立即停车检查油管或油箱是否破裂。

（4）汽车在行驶中，应注意检查转向系统的操纵性，有无跑偏、摆头现象。如有异常现象，应停车检查。车辆在行驶中，检查制动系统，应操作可靠，反应灵敏。

3. 途中停车时的检查

车辆途中停车检查，通常应在行驶2 h左右进行。

检查有关总成部件温度时，应停车后立即进行，以免温度下降，不能及时发现问题。检查的方法是用手摸试。例如轮毂应摸试靠近轴承处的外壳。这些部位的温度如用手贴上后感觉烫到难以忍受时，属于温度过高，应进一步检查。在检查时如能忍受 30 s 以上时，特别在炎热季节，则属于正常。

检查中如果发现轮胎温度过高时，应停车冷却后再行驶，温度过高会造成胎冠与帘布层脱离等现象。

> **温馨提示！**
>
> 禁止采用浇冷水的方式给轮胎降温，否则会造成轮胎早期损坏，缩短其使用寿命。

4. 检查底盘各部的固定情况

检查底盘

（1）检查传动轴各突缘连接螺栓、中间轴承支架螺栓的紧固情况以及万向节十字轴盖板锁片保险情况。

（2）检查轮胎是否缺气、漏气，轮胎固定螺栓应齐全、紧固可靠，备胎应固定可靠。

（3）检查横、直拉杆球头销应连接可靠、锁止良好。

（4）检查制动系统有无变化，各连接销应锁止可靠。

检查时，上述部件如有异常，应立即修复，不能带故障继续行驶。

5. 检查全车有无漏油、漏水、漏气和漏电现象

如发现有渗漏现象时，应立即检查相关总成，缺少时，应及时补充。

三、收车后的维护

如果在停车前发动机曾在重负荷下工作，不要使发动机立即熄火，应以怠速运转一段时间后再熄火。在车辆收车后或途中宿营时，除执行行车中的检查内容外，还需进行下列项目：

1. 清洁全车外部和驾驶室、车厢内部。

注意：冲洗车辆时，必须停止发动机，以防将水分溅到各电气部件上，避免将水直接冲溅到发动机空气滤清器的进气口处。

2. 检查补充燃油、机油、冷却液和润滑脂。

按要求补充燃油、机油、冷却水、制动液、离合器传动液和动力转向液压油，并根据需要润滑有关润滑点。

3. 检查紧固情况。

检查、紧固发动机、底盘等各部分的连接螺栓，并检查其安全锁止装置。

4. 检查全车的泄漏情况。

检查各部有无损伤、漏气、漏油、漏水和漏电现象，及时调整和修理存在的问题。

5. 检查轮胎情况。

检查、补充轮胎气压，清除轮胎胎冠上的杂物。

6. 清洁蓄电池。

清洁蓄电池外部，检查极柱与电缆的连接情况。

打开蓄电池箱盖，用干布擦净外部的灰尘和脏物，塞盖上的通孔应保持通畅。极柱与导线之间的连接应牢固，必要时，可在极柱和导线夹头的上下接合的端面涂上薄薄一层凡士林或润滑脂，以防氧化。蓄电池应牢靠地固定在蓄电池箱架内。

模块 2　燃料、润滑剂的选用

一、燃料的选用

燃料的质量对汽车燃料经济性有很大影响。如果燃料质量不符合发动机的要求，发动机就不能正常工作，并导致动力性下降、油耗增加；反之，对燃料的要求过高，会提高燃料的成本，导致燃料经济性降低。因此，在选用燃料时，既要保证发动机正常工作，又要考虑燃料的成本。目前，汽车用燃料主要有汽油和柴油两类。

1. 汽油的选用

汽油的牌号都是以汽油的抗爆性（辛烷值）来表示的，汽油的牌号代表其辛烷值的高低，辛烷值越高，抗爆性就越好。例如，93＃汽油的辛烷值为 93。

为了提高汽油的抗爆性能，人们采用在汽油中加入高辛烷值成分和不含铅的非金属添加剂，形成无铅汽油。无铅汽油的使用，对于减少汽油对人体的危害及对环境的污染都具有十分重大的意义。

温馨提示！

选用汽油应该按照汽车说明书推荐的牌号并结合汽车的使用条件，以不发生发动机爆燃为原则。

选用汽油注意事项如下：

（1）电控燃油喷射系统的汽车必须选用无铅汽油，否则，会影响氧传感器和三元催化器的正常工作。

（2）在发动机不发生爆震燃烧的条件下，尽量选用低牌号的汽油。注意：辛烷值过低，会使发动机产生爆震燃烧；辛烷值过高，不仅在经济上造成浪费，还会引起着火慢、燃烧时

间长，燃烧热能不能充分转变为功率等情况，或因为燃烧气体的温度过高，高温废气可能烧坏排气门或排气门座。

(3) 我国国产汽油实测的辛烷值一般比标定的高一个多单位，所以汽车使用说明书中要求用 91＃汽油的汽车，一般均可使用国产 90＃车用汽油。只有在 90＃汽油的抗爆性不能满足该车型的要求时，才能用 93＃或 97＃汽油。

(4) 当汽车在海拔较高的高原地区使用时，由于进气压力下降，有利于减轻爆震，所以汽油的辛烷值可以适当降低，根据资料表明，海拔高度每增加 300 m，汽油辛烷值的要求可平均降低约 1～2 个单位。

(5) 在高原地区或炎热季节选用汽油时，还应注意其饱和蒸气压，防止汽油饱和蒸气压过高，而在行驶中发生“气阻”。

2. 柴油的选用

车用柴油属于轻柴油，选用柴油的依据是环境温度和柴油凝固点。目前我国应用的轻柴油按凝固点分为 6 个牌号：10＃、0＃、－10＃、－20＃、－35＃和－50＃柴油。

温度在 4℃以上选择 0＃柴油；温度在－5～4℃时选择－10＃柴油；温度在－14～－5℃时选择－20＃柴油；温度在－29～－14℃时选择－35＃柴油；温度在－44～－29℃时选择－50＃柴油。

选用柴油的牌号如果低于上述温度，发动机中的燃油系统就可能结腊，堵塞油路，影响发动机的正常工作。用户必须根据环境的温度选择合适标号的柴油。

二、润滑剂的选用

汽车润滑剂是指在汽车上使用的起各种润滑作用的润滑油和润滑脂。汽车润滑剂主要包括发动机使用的机油、齿轮油和润滑脂。

1. 汽油机油的选用

汽油机油是指汽油发动机使用的润滑油。

由于汽油发动机是在高温条件下工作的，因此，对于汽油机油的黏度特性、氧化安定性、抗磨损性及耐腐蚀性等方面，都提出了很高的要求。

通常，应根据汽车的运行状况及发动机的技术特性来选择润滑油的质量等级，然后再根据使用地区的气温情况选择适当的黏度等级。

美国石油学会（API）将内燃机润滑油的质量分为 A、B、C、D、E、F 六个等级。其中，A 级最低，F 级最高。汽油机油只有 B、C、D、E、F 五个等级，并且前面冠以 S，如 SE、SF 等。

汽油机油以数字表示黏度，冬季用油在数字后面加 W。

我国汽油机油与 API 的质量分级相当，不过以 Q 表示汽油机油，并将黏度写在前面。例如，我国的 30 QD 相当于美国的 SD—30，10 W—40 QE 相当于美国的 SE—10 W—40。

汽油机油的具体选用应遵照汽车说明书的要求。一般来说，轿车应不低于 QE 级，载货汽车可选用 QD 级或 QC 级。

2. 柴油机油的选用

柴油机油是指柴油发动机使用的润滑油。

柴油发动机轴承负荷大，活塞顶部温度高，容易积炭，因此需要采用与汽油机不同的机油。柴油机油应具有更好的黏温特性、抗氧化、抗腐蚀、抗磨损及洗涤性能。

通常，应根据汽车的运行状况及发动机的技术特性来选择润滑油的质量等级，然后再根据使用地区的气温情况选择适当的黏度等级。

美国石油学会（API）将柴油机油的质量分为 A、B、C、D 四个等级。其中，A 级最低，D 级最高，并且前面冠以 C，如 CA、CC 等。

柴油机油也以数字表示黏度，冬季用油也是在数字后面加 W。

我国柴油机油与 API 的质量分级相当，也以 C 表示柴油机油，不过将黏度写在前面。例如，我国的 30 CD 相当于美国的 CD—30，10 W—30 CE 相当于美国的 CE—10 W—30。

柴油机油的具体选用应遵照汽车说明书的要求。一般来说，大功率的增压柴油机应选用 CD 级，低增压和中等负荷的柴油机可选用 CC 级，一般非增压柴油机可选用 CA 级。

3. 齿轮油的选用

齿轮油是指汽车变速器、驱动桥壳等传动机构中用于润滑齿轮的润滑油。

对齿轮油的主要要求是：具有较强的承载能力、适当的黏度、良好的热氧化安定性、抗腐蚀性和抗泡沫性。

美国石油学会（API）将齿轮油的质量分为 GL—1～GL—5 五个等级。其中，GL—1 级最低，GL—5 最高。

国外汽车使用的齿轮油，都是 GL—4 或 GL—5 级。我国生产的普通齿轮油为 GL—3 级，适用于一般的手动变速器。重负荷的手动变速器及中等负荷的双曲线齿轮驱动桥，应选用相当于 GL—4 级的齿轮油。重负荷的双曲线齿轮驱动桥，应选用相当于 GL—5 级的齿轮油。汽车齿轮油的具体选用，应遵照汽车说明书的要求。

4. 润滑脂的选用

润滑脂俗称黄油，是一种增稠的润滑油。呈半固体膏状，对金属表面有良好的黏附性。润滑脂的主要指标是稠度。稠度越大，润滑脂越硬，黏附性越好；稠度越小，润滑脂越软，运动阻力越小。

常用的汽车润滑脂有以下几种（见表 8—1）。

表 8—1　常用的汽车润滑脂

类型	性能	适用范围
钙基润滑脂	使用最为广泛，其抗水性、润滑性、防护性好，容易泵送。但耐热性差，寿命较短	主要用于轮毂轴承、水泵轴承、变速器前轴承及分电器凸轮等部位
钠基润滑脂	耐热性好，但耐水性差	主要用于离合器轴承、传动轴中间支撑等部位
钙钠基润滑脂	性能介于钙基和钠基之间	多用于轮毂轴承
锂基或合成锂基润滑脂	是一种多用途、高效润滑脂，具有良好的机械安定性、化学安定性、抗水性和耐热性	可代替其他润滑脂广泛应用于汽车各个部位
石墨钙基润滑脂	是一种良好的润滑剂和填充剂，具有优良的抗水性、黏附性和耐磨性	适用于汽车钢板弹簧
铝基润滑脂（黄油）	具有高度耐水性	主要用于汽车水泵轴承

模块 3　汽车用液的选用

汽车用液包括防冻液、制动液、自动变速器油、动力转向油、减振器液、液压油、风窗清洗液、空调制冷剂等。

由于各种汽车用液都是为了专门的目的而在特定的条件下工作的，因此都有各自的特殊要求。在使用时，一定要注意它们的牌号、性能和特点，防止用错，以保证汽车的正常工作，并避免机件的损坏。

一、防冻液

汽车防冻液是为了防止冷却系统在冬季结冰，而在冷却系统中加入的冰点较低的液体，使其冰点降到 0℃以下，保证汽车冷却系统不结冰。常用的汽车防冻液类型有：

1. 酒精——水型防冻液

流动性好，但酒精的沸点低，在使用过程中易挥发，使防冻液中的酒精含量减少，冰点升高，需要不断添加酒精。冰点在－40℃的酒精——水型防冻液的酒精含量在 55％左右，其蒸发出来的蒸气容易燃烧。

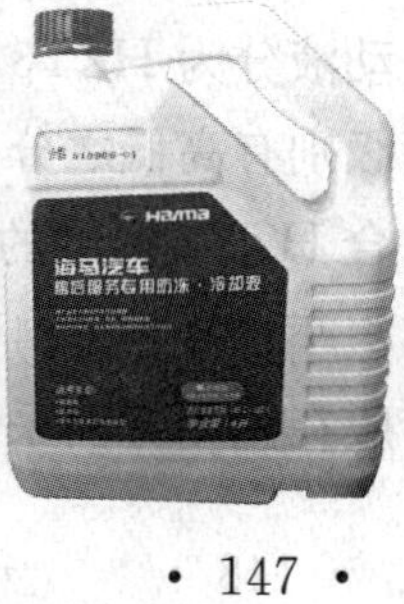

2. 甘油——水型防冻液

黏度较大，并且随着温度的降低，黏度显著增大，在一定程度上影响发动机的冷却效果。

3. 乙二醇——水型

沸点高、冰点低，是一种较好的防冻液。乙二醇——水型防冻液的主要成分是乙二醇，为了防止腐蚀发动机冷却系统，在防冻液中添加了有机磷酸盐等防锈剂、防腐蚀剂、抗泡沫剂、抗氧化剂，所以可长时间使用。这种防冻液可使发动机冷却系统不易积垢，散热效果好，不易过热。

目前，汽车使用最多的防冻液是乙二醇防冻液。

注意！

防冻液的使用注意事项是：

(1) 使用中若液面过低，应补充同类型防冻液；若因蒸发，则应补加软水。

(2) 乙二醇防冻液的膨胀系数较大，发动机冷却系统注入量要比其容积少5%～6%。

(3) 乙二醇有毒，使用中要小心，切忌进入口腔。

(4) 乙二醇防冻液使用寿命较长，一般可用2～3年。除非已变质不得不更换外，一般可在春暖后放出，保存起来待第二年冬季再用。

(5) 不同型号的防冻液不能混用，以免沉淀和产生气泡。当发现有悬浮与沉淀物或变质发臭时，应全部更换。

(6) 各地产品质量不一，选购防冻液时必须注意检查产品质量。汽车防冻液正在向长效、防沸、防锈、无污染的方向发展。

二、汽车制动液（刹车油）

1. 制动液的类型及要求

汽车制动液有醇型、矿油型和合成型3种。其中，醇型有1号和3号共2个牌号；矿油型有10号和15号共2个牌号。这2个品种已被淘汰。目前主要使用的是合成型制动液。合成制动液又分为醇醚型、酯型和硅油型三大类型，但使用最多的是醇醚型和酯型。

对制动液的要求有好的黏温性能，能在较宽和较低的温度下工作，具有良好的氧化安定性、抗泡性、防橡胶膨胀性、防锈性等。

2. 正确选购制动液

2004年1月，我国实施与国际通用标准接轨的国家强制产品标准GB 12981—2003《机动车辆制动液》，原来的JG标准不再采用。按照GB 12981—2003《机动车辆制动液》，将制动液分为HZY3、HZY4、HZY5三种。分别对应国际上的DOT3、DOT4、DOT5。制动液级别有高低之分，级别越高，安全保障性越好。一般情况下，微型、中低档汽车适宜选取符合HZY3标准的制动液，而中高档车建议选择HZY4标准的制动液。当然，微型、中低档汽车选择HZY4也没有任何问题，而且更好。HZY5标准的制动液主要用于军工方面，一般在民用方面采用的较少，适用于沙漠等苛刻条件。

注意！

制动液的使用注意事项是：

（1）不同类型和不同品牌的制动液不要混合使用。由于配方不同，混合制动液会造成制动液指标下降。

（2）制动液吸入水分或有杂质时，应及时更换或过滤，否则会造成制动压力不足，影响制动效果。

（3）车辆正常行驶 40 000 km 或制动液连续使用超过 2 年，制动液很容易由于使用时间长而变质，所以要及时更换。

（4）车辆正常行驶中，若出现制动忽轻忽重时，要对制动液及时更换，在更换之前先用酒精将制动系统清洗干净。

（5）车辆制动出现跑偏时，要对制动系统进行全面检查。若发现分泵皮碗膨胀过大，说明制动液质量可能存在问题。这时应选择质量比较好的制动液予以更换，同时更换皮碗。

三、自动变速器油

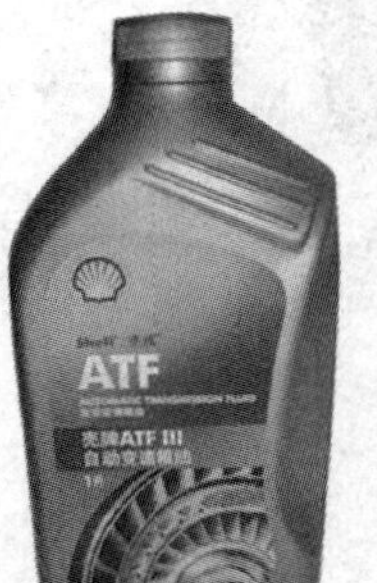

自动变速器油又叫液力传动油，是汽车自动变速器的专用工作液体。它同时具有传递动力、控制液压传动、润滑齿轮和轴承三项功能。

国产液力传动油有 6 号和 8 号两个牌号。6 号液力传动油相当于国外 PTF—1 类油，主要用于内燃机车、载货汽车及工程机械。8 号液力传动油相当于国外 PTF—2 类油，主要用于轿车的自动变速器。

自动变速器油还有抗银和不抗银之分，不抗银的自动变速器油会对变速器中的含银机件产生腐蚀。由于对自动变速器油的质量要求很高，使用时一定要遵照说明书的要求选用，不允许用其他油料代替。

对自动变速器油的基本要求是：

1. 黏度适当。黏度过高，影响传递动力的效率；黏度过低，影响控制功能和润滑功能。
2. 具有较强的抗氧化性，否则会影响液压控制机构的功能。
3. 橡胶密封零件的溶胀率小，以免发生漏油现象。
4. 具有良好的抗磨损性和抗泡沫性。

模块4　磨合期驾驶

新车或发动机大修后的车辆，在投入运行的初期称为磨合期。汽车的使用寿命、工作的可靠性和经济性在很大程度上取决于汽车磨合期的使用情况。

汽车磨合期的行驶里程一般为1 000～5 000 km。在磨合期，驾驶员要认真阅读汽车使用说明书，了解汽车技术数据、磨合要求及注意事项。

一、新车检查

为确保行车安全，新车在投入使用前，应进行以下检查：

1. 清洗车辆，检查各部位的连接及紧固情况。

2. 检查冷却液是否充足，冷却系统各部位有无滴漏现象。

3. 检查发动机、变速器、后桥、转向器、离合器、液压系统有无漏油现象。

4. 检查制动系统的工作是否正常，制动管路接头是否漏气。

5. 检查轮胎气压是否符合标准。

6. 检查蓄电池液面、电气设备、灯光和仪表的工作是否正常。

7. 检查转向机构各部位有无松动和卡阻现象。

8. 检查变速器各挡位是否能够正确结合。

二、磨合期驾驶要求

1. 选择平坦的良好路面行驶。

2. 行驶200 km以内时，汽车不得装载；1 500 km以内时，汽车装载量不得超过额定载质量的70%。

3. 不许拖带挂车。

4. 驾驶时平稳结合离合器，及时换挡，尽量避免紧急制动和突然加速。

5. 严格控制车速，各挡位的行驶速度都不准超过规

定的最大限制车速。

6. 发动机冷却液的温度应控制在 80～90℃之间。

三、磨合期车辆维护

驾驶员应认真做好车辆磨合期的日常维护。磨合维护分磨合前、磨合中和磨合后三个阶段。

1. 磨合前维护

磨合前维护主要是对汽车外部进行清洗、检查、紧固各外露部位的螺栓、螺母和锁销；检查润滑油、制动液的数量；检查轮胎气压；检查蓄电池放电及电解液的相对密度和液面高度；检查制动器的制动效能。

2. 磨合中维护

磨合中维护是在车辆行驶至一定距离后（按说明书中的要求），更换发动机润滑油、机油细滤芯；润滑全车润滑点。

3. 磨合后维护

磨合后维护主要是更换润滑油；检查连杆螺栓和主轴承盖螺栓的紧固情况；按规定力矩紧固汽缸盖螺栓、汽车外露部位的螺栓螺母；清洁空气滤清器和机油粗滤器滤芯；检查风扇传动带松紧度、传动轴十字凸缘螺栓和中间支撑的紧固情况、转向机构各接头螺栓的紧固情况及发动机悬置的连接情况；调整火花塞电极；润滑各部位。

汽车磨合完毕一般到就近的技术服务中心（站）进行汽车磨合后的维护。

模块 5　定期更换“三滤”

一、机油滤清器

1. 机油滤清器的作用及更换频率

机油要经过机油滤清器才能到达润滑部位，机油滤清器的作用就是对进入发动机系统的机油进行杂质过滤，以防机油在使用循环过程不断混入的杂质（灰尘、金属碎屑以及机油遭氧化形成的胶质物）造成油道堵塞，乃至损坏发动机等严重后果的出现。而目前大多数轿车使用的都是不可拆卸清洗的一次性滤清器，因此一般来说，每行驶 5 000 km更换机油的同时也应更换机油滤清器，以保证机油对发动机的良好润滑效果。

2. 机油滤清器及机油的更换

（1）起动发动机，待达到正常的工作温度（80℃以上），将汽车停在平坦的地上，然后熄火。

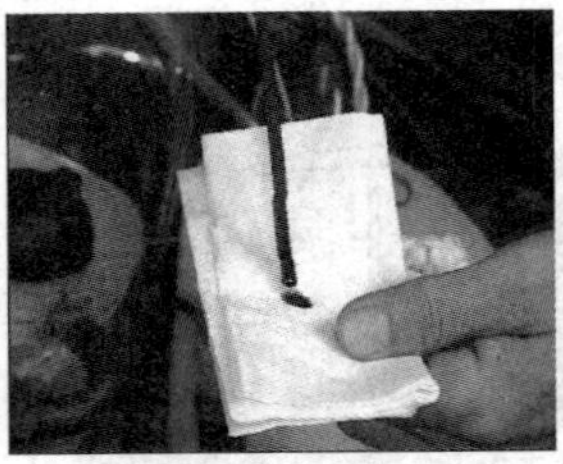

（2）抽出机油尺，将机油滴在试纸上，查看机油的颜色。

（3）首先打开发动机上部的加机油口，然后在热车状态下，拧下机油盘下部放油螺塞，将机油放入盆中。放净机油，将机油滤清器座擦干净。注意：防止热油烫伤人。

（4）拆下机油滤清器，准备好新机油滤清器，在O形密封圈上涂抹一层机油。用手拧机油滤清器，直到拧不动为止，再用滤清器扳手拧紧。注意不可用力过大，以免损坏O形密封圈。

（5）用棉纱布擦干净放油螺塞及螺塞口周围，将螺塞拧回原位。加入新机油。注意：应使用相同的机油牌号和种类。

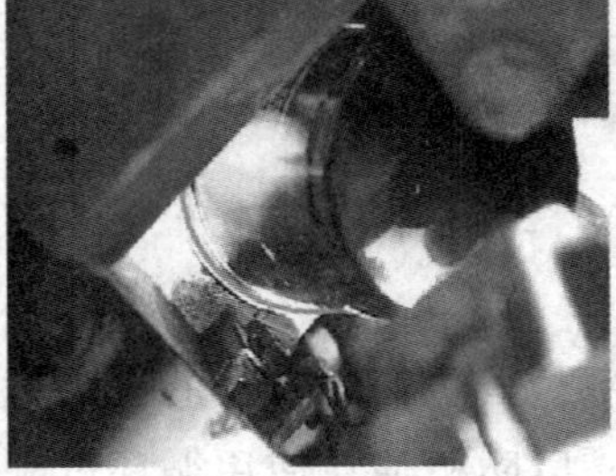

（6）起动发动机，检查滤清器与发动机连接处有无漏油。如渗漏，拧下滤清器，检查O形密封圈，涂抹机油，然后重新安装。

（7）抽出机油尺，机油量应在上下标线之间。然后盖好机油盖。

温馨提示！

（1）应在热车状态下放出机油。

（2）更换机油的同时，应更换机油滤清器。

（3）拧紧机油滤清器时，不可过分用力。

二、空气滤清器

1. 空气滤清器作用及更换频率

空气滤清器是安装在发动机进气系统入口处，用来过滤空气中所含的尘土和沙砾等杂质的装置，如果空气滤清器过脏，会阻碍新鲜空气的进入，从而影响空气和汽油的混合比例，最终造成对发动机工作功率的影响。

对于目前多数车型使用的成本低、滤清效果好的纸质滤芯的干式空气滤清器来说，最好每行驶 5 000 km 定期清洁一次（常用方法是取出滤芯后用压缩空气对滤芯由内向外吹净即可）；另外，由于纸质的空气滤清器寿命有限，因此还应注意依据车辆保养时间对空气滤清器进行更换。

2. 空气滤清器的清洁及更换

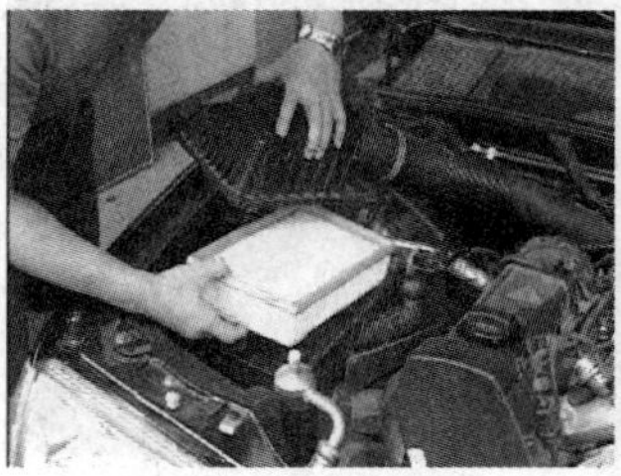

（1）松开滤清器锁扣，用抹布擦拭空气滤清器外部，防止杂质掉入里面，取出滤芯。

（2）用空气压缩机里的空气从滤芯内侧开始，上下均匀沿斜角方向吹净滤芯内外表面的灰尘。如果没有压缩空气，可用木棒轻轻敲打滤芯，再用毛刷刷净外部污垢。

（3）检查滤芯及橡胶垫圈有无损伤，如有，应更换。安装好的空气滤清器应完好无损，密封良好。

（4）安装牢固。

三、燃油滤清器

1. 燃油滤清器的作用及更换频

燃油滤清器安装在出油管路上，它的作用是过滤掉汽油在储运以及加注过程中混入的杂质以及水分，以免造成对汽缸的加速磨损。同机油滤清器情况相似，由于目前多数车型使用的为纸质滤芯，为不可拆洗式的一次性燃油滤清器，因此需要在大概 10 000 km 时进行更换。

2. 燃油滤清器的更换

（1）更换燃油滤清器时，应先拆下固定螺栓。

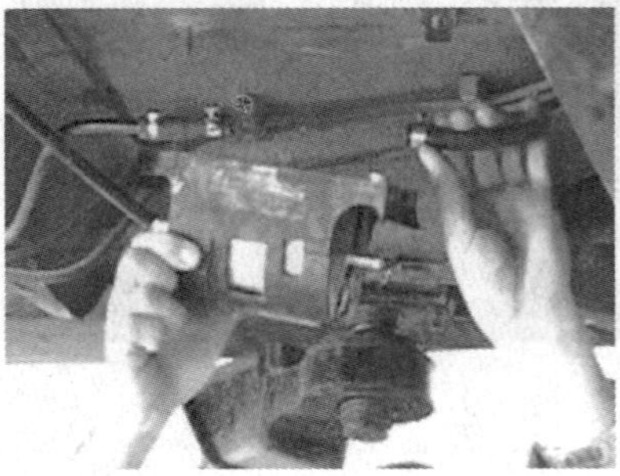

（2）再拆下两端的进油管和出油管。

（3）安装新滤清器时，应注意箭头方向应指向燃油的流动方向。

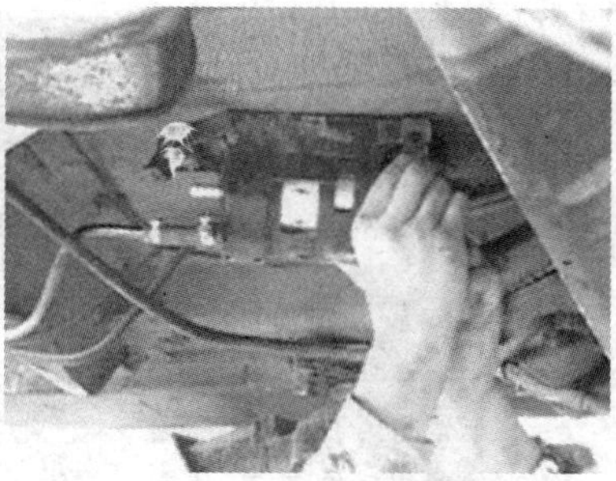

（4）安装新滤清器。

模块 6　防冻液的检查与添加

一、防冻液的优劣

防冻液的优劣可从以下几个方面衡量。

1. 防冻液的冰点

一般普通型防冻液的冰点可达到－40℃，而优质的防冻液的冰点应能达到－60℃左右，这是标定防冻液质量的一个重要指标。

2. 防冻液的沸点

防冻液的沸点至少应达到 108℃以上，也就是说冰点越低，沸点越高，其中的温差越大，相对来说防冻液的品质就越好。

3. 防腐防锈性能

防冻液在汽车冷却系统中循环，其防腐防锈性能非常重要。不具备防腐防锈性能的防冻液会腐蚀冷却系统中的金属部件，并生成大量的铁锈，严重的会逐渐穿蚀金属板而导致渗漏，直接影响汽车冷却系统的使用寿命。

4. 防结垢性能

优质防冻液应具有防结垢性能，能够有效防止冷却系水垢的产生。

二、汽车防冻液的更换与加注

1. 防冻液的补充

（1）在热车状态下观察膨胀水箱中防冻液的液面高度。防冻液在上下标线之间，防冻液量合适。如果低于下线，应补充防冻液。

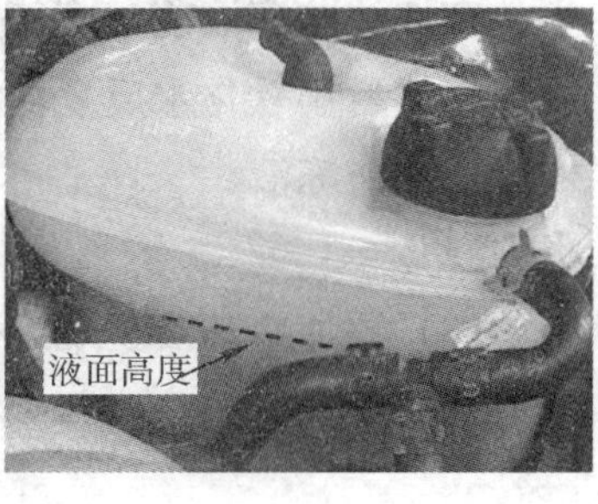

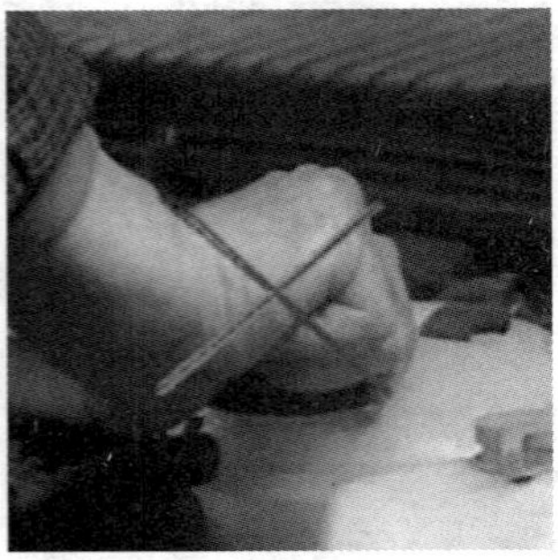

注意!

补充防冻液时，一定要等到发动机冷却后再加。绝不可在热车状态下拧开水箱盖，以免热水蹿出烫伤人。

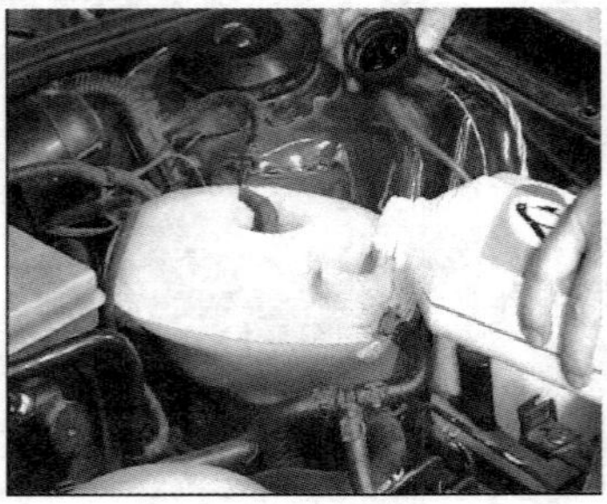

(2) 水冷却以后，打开冷却液膨胀水箱盖，添加相同型号的防冻液至下标线。

2. 防冻液的更换

防冻液使用期限较长，一般为 1～2 年（长效防冻液可达 2～3 年），其呈碱性，pH 值一般为 7.5～11.0，发现 pH 值低于 7.0 或高于 11.0 时应及时更换。

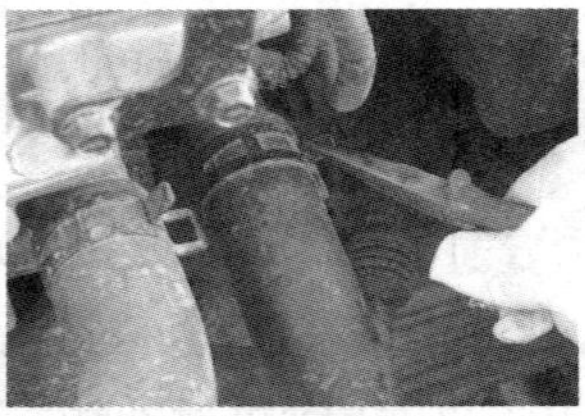

(1) 更换防冻液时，应先拔下水箱下部的橡胶弯管接头，放尽全部防冻液。

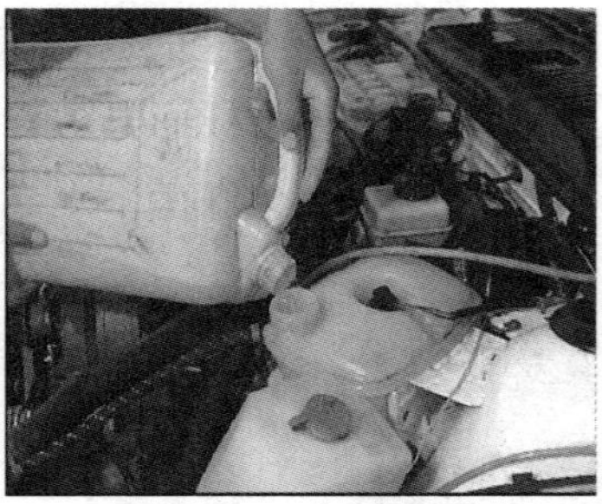

(2) 清洗冷却系统。防冻液在加注前一定要对发动机冷却系统进行一次认真的清洗。因为防冻液中加有除垢剂和清洗剂，使用前如果没有对发动机冷却系统进行认真的清洗，直接加入防冻液后，发动机冷却系统中原有的水垢与防冻液接触后脱落，使防冻液变浊、变调，甚至变色、变味，严重时堵塞水管、水道或沉淀在散热器下部弯管接头部位，造成散热不良，防冻液不能循环，致使发动机温度过高。为防止这些现象的发生，在加注防冻液前，应使用质量分数为 10%的烧碱水溶液浸泡散热器 1 h，再将冲洗液排放掉，然后用软化水反复冲洗 2～3 次，以清除发动机冷却系统中原积存的水垢，冲洗完后才能加注防冻液。

(3) 添加冷却液至规定位置。

（4）起动发动机，排出冷却系统中的空气，再添加防冻液至规定的位置。

温馨提示！

（1）加注时不能让防冻液溅在车身漆面上，以防损伤漆膜。

（2）加注时不能让防冻液溢流到高温状态下的发动机零件上，以免引起燃烧。

（3）防冻液（乙二醇）有一定毒性，对人的皮肤和内脏有刺激作用，使用中严禁用嘴吮吸，手接触防冻液后要及时清洗，防冻液溅入眼内，更应及时用清水冲洗处理。

模块 7　节约燃料的方法

汽车行驶所使用的燃料主要是汽油和柴油，燃料消耗约占汽车运输成本的 25%～30%。因此，节约燃料对降低运输成本，提高经济效益具有重要的意义。

一、驾驶方法

1. 常温条件下起动发动机时，要关闭百叶窗，不关阻风门，轻踏加速踏板，尽量做到发动机起动一次成功。如果一次不能成功时，第二次起动时应与前次间隔 10 s，而且每次起动时间不得超过 5 s。若三次仍不能起动成功，应立即检查，排除故障后再起动。

2. 轻加油，轻刹车，早刹车。在保证汽车正常行驶的前提下适当减小油门幅度，不仅能节省汽油，还能降低车厢内的噪声。在保证安全的条件下提前轻踩刹车同样能省油，因为在相同的行驶路段内，增加刹车距离，就意味着踩油门刹车的距离缩短。

3. 滑行。滑行方式可分为减速滑行、加速滑行和坡道滑行三种。

（1）减速滑行适用于汽车前方遇有障碍物或在会车、转弯、停车及接近交叉路口需要减速等场合；通常将变速器操纵杆提前置于空挡的位置，利用汽车的惯性滑行；滑行时，一般不应熄火。

（2）加速滑行是指汽车用高速挡逐渐加速至一定速度（不超过最高车速 80%）后，迅速将变速器操纵杆置于空挡位置进行滑行；待车速降至一定值时（一般为略高于最高挡位的最低车速），再挂入高速挡加速行驶，如此重复操作以维持车辆的行驶。

（3）坡道滑行是利用汽车的惯性及势能进行脱挡滑行，它适用坡度小于5%且长而宽直的坡道、丘陵起伏路段以及陡坡接近坡尾时。滑行时必须合理控制车速，一般应在中速以下。

4. 合适的挡位与车速。换挡时机尽量选择在2 500～3 000 r/min之间，这样能在保证动力供应的前提下得到比较好的经济性能。太早换挡动力不足，太晚换挡会增加油耗。车速可以控制在每小时70～90 km，这同样是在油耗和速度之间找一个比较好的平衡点，太快了油耗增加，太慢了影响效率。

5. 合理使用空调。合理使用空调也能降低油耗。在春天或秋天温度适宜的时候，时速小于60 km/h可以开窗通风，不用开空调，或者只用空调的通风功能，而不用其制冷，这样空调压缩机就不会起动，从而可以起到省油的作用。但在时速高于90 km/h就不建议开窗通风，因为此时的空气阻力很大，开空调反而更省油。

6. 规划路线。上路之前规划线路是非常必要的，正确的路线往往能事半功倍，油耗自然也会降低。选择路线的原则：多环路（高架）、少城路；多右转、少左转；多大路、少小路。在时间和路线上尽量避开堵车的路段，因为堵车时的油耗是相当高的。

7. 冬季预热，但时间别太长。冬季早上起来着车时，最好先进行一下预热，这样对于延长和保护发动机的寿命都有好处，但时间不宜过长，只要看到水温表从最低上升到刻度范围内，就可以起步了。否则就会无谓地增加油耗。

8. 重视新车磨合期。磨合期的驾驶方法正确与否，对于日后发动机燃油经济性的影响也是很大的。因此一定要牢记时速不超过80 km/h、转速不超过4 000 r/min的新车磨合期驾驶原则。

二、其他方法

1. 精心的保养

按时到服务站去保养，使用品质更好的、更符合车辆要求的润滑油，或者考虑使用一些口碑比较好的燃油添加剂，这虽然在一定程度上会增加费用的支出，但能在油耗和发动机寿命上给车主以回报。

2. 正常的胎压

轮胎气压低于正常值时，油耗会明显增加，而高于正常值时，油耗会略有降低，但由于胎压过高会增加爆胎的危险，因此要尽量保持在正常胎压值范围内。

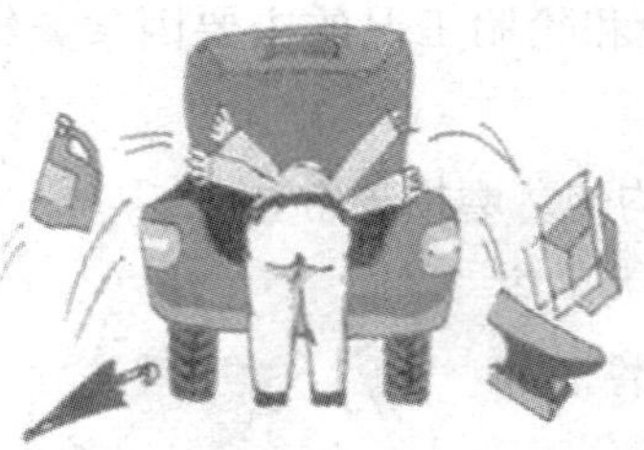

3. 正常的载荷

车上不要经常装一些平时不用的东西，这样会增加车的负载，时间久了也会增加无谓的油耗。

模块 8　轮胎的维护与更换

轮胎是汽车的重要部件和运行材料，由于轮胎的使用水平不同，轮胎的使用寿命相差很大。轮胎的技术状况可以直接影响汽车的安全性和燃料经济性。因此，加强轮胎的日常维护，对降低汽车运输成本、提高经济效益，具有重要意义。

一、轮胎的选用

1. 根据车型选用适宜的轮胎

各种轮胎必须搭配合理。不同规格、结构以及新旧程度相差较大的轮胎不宜装在同一车轴上；双胎并装要求同厂牌，且两轮的磨损程度相差不得超过 0.03 m，以免使个别轮胎磨损加剧。更换轮胎时，成色新的轮胎应装在前轴上，旧轮胎装在后轴上。

2. 换用新胎的季节

冬季和春季适宜换新胎；因为夏天气温高，轮胎工作时产生热量多，新胎的胎冠厚度较大，不宜散热，此时更换新轮胎会加剧橡胶的老化及轮胎的磨损。

3. 选择合格轮胎

不能选用变形或偏心的轮圈安装轮胎，安装好的轮胎在充气前，要检查各部件安装是否正确，特别是销圈嵌合是否妥当。

二、轮胎气压

轮胎气压是决定轮胎使用寿命和轮胎工况的主要因素。轮胎气压不达标是造成轮胎早期损坏的主要原因之一。

轮胎气压正常时，胎冠与路面的接触面积较大，承受载荷均匀。磨损正常。

轮胎气压过低，胎体变形增大，内应力增加，滚动阻力增大。容易引起胎体过热升温、胎体分层损伤；胎面接触面积增大，磨损加剧，尤其是胎肩的磨损加剧。

轮胎气压过高，胎冠中部与地面的接触面积减小，单位接触面积的压力增大，胎冠部分磨损加剧；同时，轮胎的弹性降低，帘线受到过度拉伸，容易引起轮胎爆裂。

三、轮胎换位

轮胎在行驶到 6 000～8 000 km 之间时要进行一次轮胎换位，延长轮胎的使用寿命。或者当轮胎花纹深度即将低于 1.6 mm 时也要进行轮胎换位。

1. 六轮两轴轮胎

六轮两轴轮胎换位的基本方法有循环换位法和交叉换位法两种。

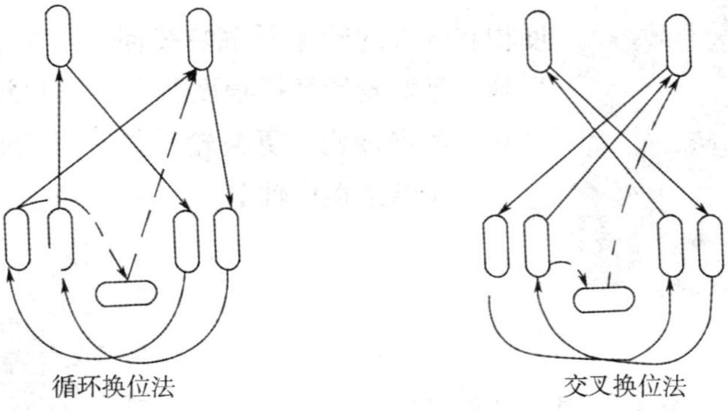

六轮两轴轮胎的换位

2. 四轮两轴轮胎

四轮两轴汽车的轮胎由于驱动方式不同，前、后、左、右各轮的工作条件并不相同，轮胎磨损情况也各有差异。换位时要根据不同情况的驱动方式进行正确换位。

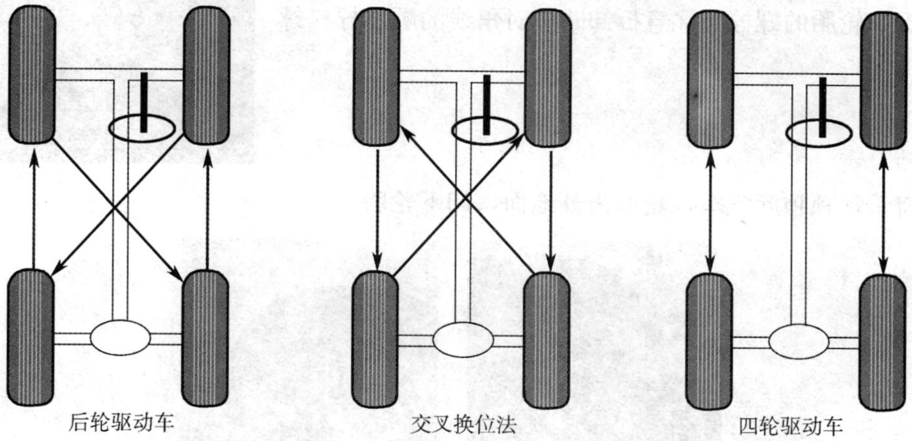

四轮两轴轮胎的换位

四、更换轮胎方法

1. 轿车的轮胎附近都有一个加强的点，专门用于千斤顶来将车顶起。用千斤顶将车顶起时，不要让轮胎离开地面，目的是好卸螺栓（千斤顶起作用即可）。

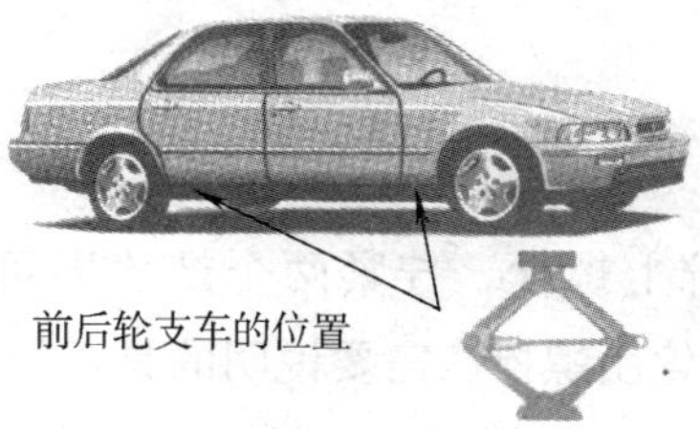

2. 拆卸轮盖。

3. 拆卸轮胎的螺栓。注意拆卸时按对角线的顺序拧松螺栓。

4. 将千斤顶顶起汽车，轮胎离开地面，卸下轮胎。

5. 打开后备箱，取下备胎。

6. 安装备胎，拧上螺栓，拧紧两个螺栓即可松卸千斤顶。待轮胎着地后，拧紧轮胎螺栓。需要说明的是，拧螺栓应按照对角线的方式进行。

五、提高驾驶技术，延长轮胎寿命

驾驶操作与轮胎磨损、轮胎使用寿命有着密切的关系；急起步、紧急制动、急转弯、高速行驶及路面选择不当等，都会引起轮胎磨损过大或异常磨损；超越障碍物时，如不注意，会使轮胎磨损加速或发生意外损伤。因此，要努力提高驾驶技术，尽量减少轮胎的磨损。

1. 做好轮胎的日常维护。在出车前、行车中和收车后，注意检视轮胎气压和有无不正常的磨损和损伤。

2. 平稳起步。起步时，缓抬离合器踏板，轻踏加速踏板，以减轻起步对轮胎的冲击，避免轮胎滑转产生剧烈磨损。

3. 尽量避免紧急制动。车辆紧急制动时，轮胎在路面上会产生拖滑，造成轮胎面的剧烈磨损。

4. 合理控制车速，保持中速行驶。车速越高，轮胎所受的冲击越大，其变形的幅度和频率越高，易引起胎温升高，使轮胎的损伤加剧。因此，在行车中，应根据道路情况合理控制车速。

5. 按规定载荷进行装载。汽车超载时，轮胎变形增大，容易造成帘线折断、松散和帘布脱层；同时与地面接触面积增大，增大了胎肩的磨损。

6. 行驶路面的选择

(1) 在无分道线的道路上行驶时，在保证安全的情况下，尽量保持在道路中央行驶，防止轮胎磨偏。

(2) 在不良道路上行驶时，应尽量避开路上的尖利石块和其他障碍物，以防轮胎被刺破或撞爆。

(3) 通过桥梁、铁路与道路交叉口处，应提前减速，平稳行驶，避免高速通过而冲击轮胎。

(4) 在河滩和便道地段行驶，因路基不坚实，石块易嵌入双胎夹缝，通过后要停车检查轮胎，排出嵌石。

(5) 若驱动轮陷入泥坑或打滑时，不可加速猛冲，避免轮胎滑转而加速磨损。

7. 防止轮胎温度过高。车辆行驶时，轮胎因承受负荷不断的扭曲变形而发热，导致轮胎温度升高，轮胎气压也随之升高，尤其在高温季节行车时会发生这种情况。在此情况下，注意行驶途中适当停歇，使轮胎有时间冷却。

温馨提示!

切不可用放气调压和泼水降温的方法来降低轮胎气压和胎温，最好在阴凉处停车降温后再行驶。涉水或洗车时应先停车降低胎温后再进行。中途停车休息时，应选择阴凉处停放，防止轮胎受强烈阳光曝晒。

8. 应经常检查和清除轮胎花纹中所嵌的石头、钉子、玻璃及双胎间的杂物等，以防轮胎发生机械性破损。

9. 在严寒气候条件下，汽车长时间停歇在野外，为防止轮胎在地面冻结，应在轮胎下垫上木板、树枝、沙子等。重新起步时应平稳缓慢加速，低速行驶，待轮胎变热恢复弹性后再提高到正常速度。

模块9　蓄电池的维护

蓄电池的寿命一般为2～3年，如果使用和维护得当，可以使用到4年左右。如果使用和维护不得当，几个月后就会损坏。蓄电池维护工作比较简单，做好电解液的补充、蓄电池与极桩的清洁和蓄电池电解液密度的控制等工作，就能有效地延长蓄电池的使用寿命。

一、蓄电池的清洁检查

蓄电池外部的灰尘、污垢等会引起电极间的自放电，接线处脏污、腐蚀等会造成蓄电池不能正常工作，为此每隔3个月应对蓄电池外部进行一次清洁。

1. 用抹布擦净蓄电池外部灰尘，如果表面有电解液溢出，可用布块擦干。

2. 清除极柱桩头上的脏物和氧化物，擦净连接线外部及夹头，清除安装架上的脏污。

3. 疏通加液口盖通气孔，并将其清洗干净。

4. 检查蓄电池壳体应无开裂和损坏现象，极柱和夹头应无烧损现象，否则，应将蓄电池从车上拆下修复。

5. 检查蓄电池液面高度应在上下标线之间，如果看不清楚，可以用一根内径为6～8 mm、长约150 mm的玻璃管，垂直插入加液口内，直至极板边缘为止，然后用拇指压紧管上口，用食指和无名指将玻璃管夹出，玻璃管中电解液的高度即为蓄电池内电解液高出极板的高度，应为10～15 mm，最后再将电解液放入原单格电池中。

6. 如果电解液液面过低，应及时补充蒸馏水或市场上销售的蓄电池补充液，不要添加自来水、河水或井水，以免混入杂质造成自行放电的故障；也不要添加电解液，否则，会使电解液浓度增大而缩短蓄电池的使用寿命。

a)

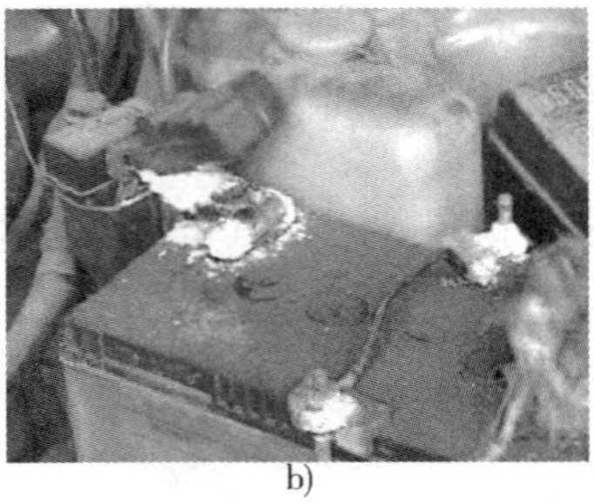
b)

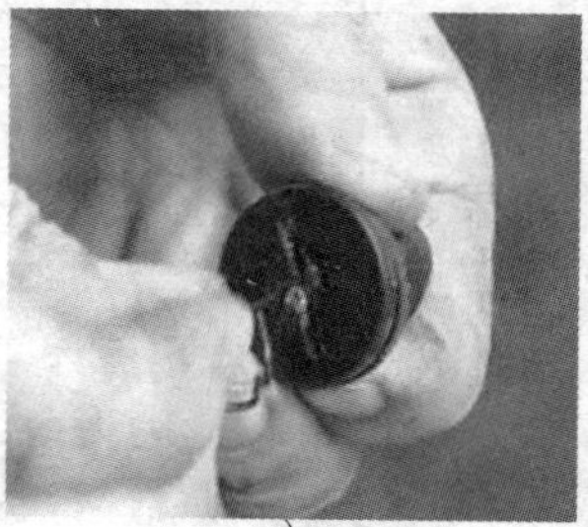
c)

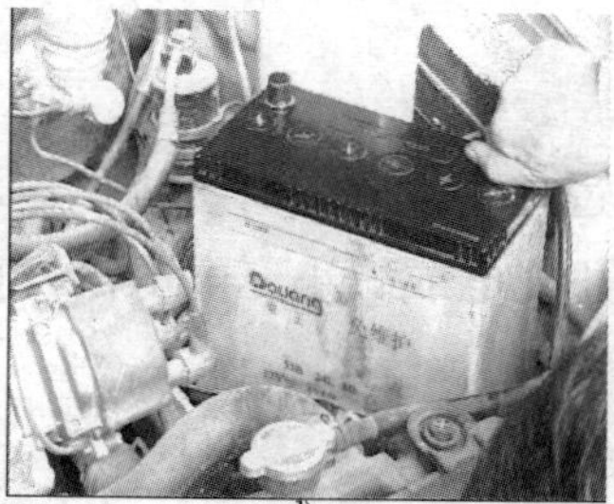
d)

e)

f)

注意！

电解液液面不能过高，以防充、放电过程中电解液外溢造成短路故障。调整液面之后应对蓄电池充电 0.5 h 以上，以便使加入的蒸馏水能够与原电解液混合均匀。否则，在冬季会使蓄电池内结冰。

二、蓄电池的充电

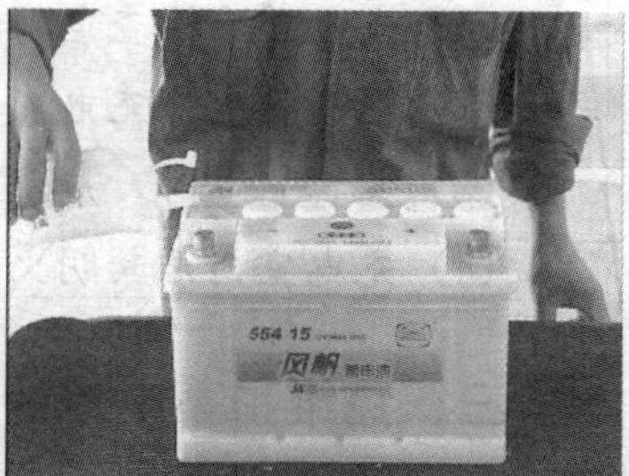

1. 给蓄电池充电时，应打开加液孔盖，加注蒸馏水到规定位置。

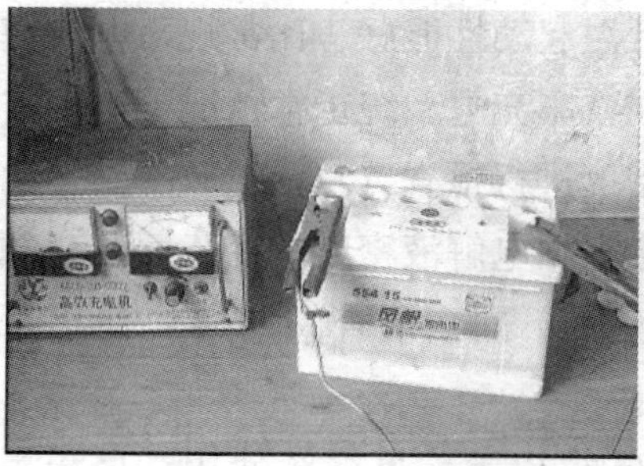

2. 将蓄电池的正负极连接到充电机的正负极上。调整充电电流。充电电流一般为蓄电池额定电容量的 10%。例如，54 Ah 的蓄电池，充电电流应为 5.4 A。缓慢调整充电电压，直到电流接近 5.4 A 为止。

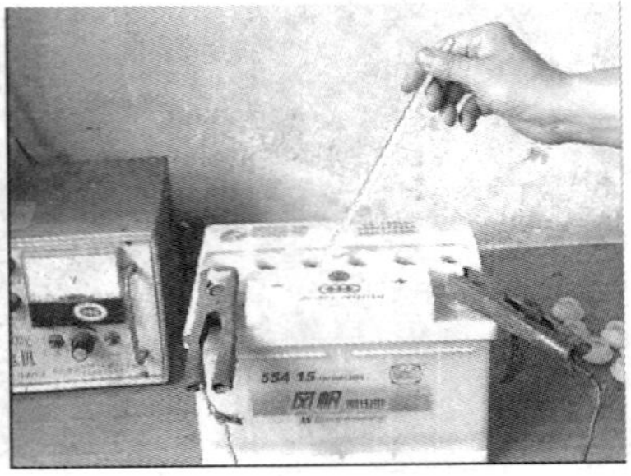

3. 在充电过程中，应随时检查电解液的温度，如果超过 40℃，应停止充电或减小充电电流，直到温度降到 40℃以下。

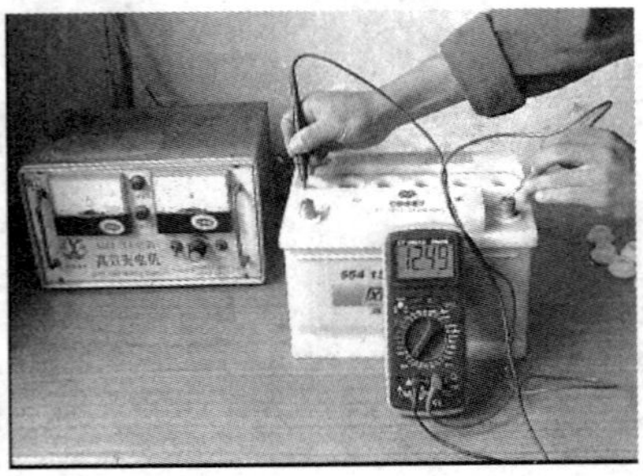

4. 每小时测量三次电解液浓度和电压，直到电压不再上升时停止充电，蓄电池电压应为 13 V 左右。

5. 安装蓄电池时，应紧固好螺母。

温馨提示！

（1）充电前应检查电解液液面高度，电解液不足时，不得对蓄电池进行充电。

（2）对新蓄电池充电应连续进行，不可长时间间断。

（3）室内充电时，应旋下加液孔盖，使氢气和氧气能顺利排出。

（4）充电室内严禁明火，接线要牢靠，严防火花产生。

三、免维护蓄电池的检查

免维护蓄电池在正常充电电压下，电解液仅产生少量的气体，极板有很强的抗过充电能力，而且具有内阻小、低温起动性能好、比常规蓄电池使用寿命长等特点，在整个使用期间一般不需添加蒸馏水，在汽车充电系统正常情况下，不需要从车上拆下进行补充充电。但在维护时应对其电解液的密度进行检查。

多数免维护蓄电池在盖上均设有一个孔形密度计，它会根据电解液密度的变化而改变颜色。不同厂家出产的免维护蓄电池，比重检视窗的颜色有所不同，请查阅《用户使用手册》。

A 型：蓄电池的密度计呈绿色，说明蓄电池放电在 25% 以下，可继续使用；呈浅黑

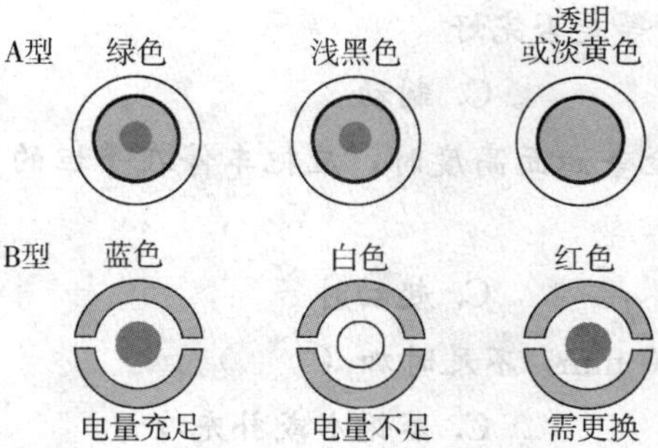

免维护蓄电池的检查

色，说明蓄电池需要进行充电；呈透明或淡黄色，说明电解液低于极板，蓄电池已报废。

B型：蓄电池的密度计呈蓝色，说明蓄电池放电在25%以下，可继续使用；呈白色，说明蓄电池需要进行充电；呈红色，说明电解液低于极板，蓄电池已报废。

复习题

一、判断题

1. 每天出车前、行车中驾驶员都要进行车辆的维护。（　　）
2. 补充冷却液时，应尽量使用软水或同样防冻液。（　　）
3. 调整风扇传动带紧度时，要将传动带调得过紧。（　　）
4. 驾驶员不需要每次出车前都检查轮胎气压。（　　）
5. 汽车行驶中，发动机水温越低越好。（　　）
6. 汽车行驶中，轮胎温度过高，采用浇冷水的方式给轮胎降温。（　　）
7. 电控燃油喷射系统的汽车必须选用无铅汽油。（　　）
8. 选用柴油的依据是环境温度和柴油凝固点。（　　）
9. 温度在4℃以上应选择0＃柴油。（　　）
10. 汽油机油的具体选用应遵照汽车说明书的要求。一般来说，轿车应不低于QE级。（　　）
11. 乙二醇防冻液的膨胀系数较大，发动机冷却系注入量要比其容积少5%～6%。（　　）
12. 磨合期驾驶，发动机冷却液的温度应在95℃以上。（　　）
13. 一般普通型防冻液的冰点可达到－40℃。（　　）
14. 给蓄电池充电前应检查电解液液面高度，电解液不足时，不得充电。（　　）

二、选择题

1. 日常维护是以清洁、（　　）以及添加燃料、润滑剂和冷却液为中心内容。

A. 调整　　B. 紧固　　C. 检查

2. 一级维护是以（　　）和紧固为中心内容。

A. 润滑　　B. 检查　　C. 调整

3. 驾驶员每天在出车前、行驶中、收车后针对汽车使用情况所做的维护为（　　）。

A. 走合维护　　B. 日常维护　　C. 一级维护

4. 机动车出车前应检查转向机构、灯光和（　　）等是否完好。

A. 随车工具　　B. 坐椅　　C. 制动

5. 发动机润滑系统内的油面必须保持适当高度，检查油面高度时，应把车停在平坦的地方，并在发动机（　　）进行。

A. 未起动之前　　B. 熄火 5 min 后　　C. 起动时

6. 检查蓄电池电解液液面，液面应高出极板 15～20 mm，不足时加（　　）。

A. 浓硫酸　　B. 稀硫酸　　C. 蒸馏水或补充液

7. 机动车出车前检查（　　）内的水量及风扇、水泵等有无松旷、漏水，并关好放水开关。

A. 散热器　　B. 发动机　　C. 水管

8. 起动发动机查听有无异响，发动机各（　　）工作正常，否则，应排除故障方可出车。

A. 部位　　B. 仪表　　C. 线路

9. 机动车行驶途中停车时，应检查各部位有无漏水、（　　）、漏气三漏现象。

A. 漏油　　B. 漏电　　C. 漏水

10. 车辆日常维护必须保持轮胎气压正常，检查轮胎外表，（　　）。

A. 清除胎纹间杂物　　B. 轮胎换位　　C. 清洗轮胎

11. 行车中维护，应注意检查制动鼓、轮毂、（　　）的温度有否变化。

A. 空气压缩机　　B. 机油滤清器　　C. 驱动桥壳

12. 行车中维护，应注意检查钢板弹簧 U 形螺栓、（　　）和半轴凸缘盘螺栓等外露连接、紧固情况。

A. 驱动桥壳盖螺栓　　B. 轮胎螺母　　C. 车架铆钉

13. 收车后，进行储气筒放气的目的在于（　　）。

A. 放气降压　　B. 防止储气筒冻结开裂　　C. 排除储气筒内的油污和积水

14. 汽车走合期通常为（　　）km。

A. 100～150　　B. 1 000～1 500　　C. 10 000～15 000

15. 发动机正常机油压力为（　　）kPa。

A. 29.4～39.2　　B. 294～392　　C. 2 940～3 920

16. 夏季行车时，如遇冷却水沸腾时，（　　）。

A. 应立即停车加入冷却水

B. 不可停车，要减速慢行

C. 应选择适当地点停车，发动机怠速运转数分钟，然后加入冷却水

17. 走合期满，按要求进行一次（　　）。

A. 走合维护　　B. 一级维护　　C. 二级维护

18. 清除干式空气滤清器滤芯灰尘，可用（　　）喷射的方法。

A. 压缩空气　　B. 汽油　　C. 清水

19. 汽车各轮胎气压不一致，最严重的情况是造成（　　）。

A. 轮冠中部加剧磨损　　B. 汽车行驶油耗增大　　C. 操纵失控

20. 轮胎在使用中的偏磨损与胎压、前轮定位、（　　）有关。

A. 地面阻力　　B. 轮胎的质量　　C. 装载过重

21. 汽油机油的具体选用应遵照汽车说明书的要求。一般来说，轿车应不低于（　　）级。

A. QE　　B. QD　　C. QC

22. 一般来说，在每（　　）km 更换机油的同时也应更换机油滤清器，以保证机油对发动机的良好润滑效果。

A. 1 500　　B. 5 000　　C. 10 000

23. 纸质滤芯的干式空气滤清器最好每（　　）km 定期清洁一次。

A. 1 500　　B. 5 000　　C. 10 000

24. 目前多数车型使用的纸质滤芯燃油滤清器，需要在大概（　　）km 时进行更换。

A. 1 500　　B. 5 000　　C. 10 000

25. 优质的防冻液的冰点应能达到（　　）左右。

A. −60℃　　B. −40℃　　C. −20℃

26. 轮胎在行驶到（　　）km 左右时要进行一次轮胎换位，延长轮胎的使用寿命。

A. 4 000～5 000　　B. 5 000～6 000　　C. 6 000～8 000

27. 给蓄电池充电，充电电流一般为蓄电池额定电容量的（　　）。

A. 5%　　B. 10%　　C. 20%

练习参考答案

单元一

一、判断题

1.× 2.√ 3.√ 4.× 5.× 6.√ 7.√ 8.× 9.√ 10.√ 11.√ 12.√
13.× 14.√ 15.√

二、选择题

1.D 2.B 3.C 4.B 5.D 6.B 7.C 8.A 9.C 10.B 11.A 12.A 13.C
14.C

单元二

一、判断题

1.√ 2.× 3.√ 4.√ 5.× 6.√ 7.√ 8.√ 9.× 10.√ 11.× 12.×
13.× 14.× 15.× 16.√ 17.√ 18.× 19.×

二、选择题

1.B 2.C 3.C 4.A 5.C 6.A

单元三

一、判断题

1.√ 2.× 3.√ 4.× 5.√ 6.√ 7.× 8.√ 9.× 10.× 11.√ 12.√
13.× 14.× 15.√ 16.× 17.×

二、选择题

1.B 2.A 3.C 4.A 5.C 6.B 7.C

单元四

一、判断题

1.× 2.× 3.√ 4.× 5.× 6.× 7.× 8.×

二、选择题

1.A 2.B 3.B 4.C 5.C 6.B 7.C 8.B 9.A 10.C 11.B 12.C 13.A
14.C 15.A 16.A

单元五

一、判断题

1. √ 2. × 3. √ 4. × 5. × 6. × 7. √ 8. × 9. √ 10. √ 11. √ 12. √
13. × 14. × 15. √ 16. × 17. √ 18. √

二、选择题

1. A 2. A 3. C 4. C 5. C 6. C 7. B 8. B 9. C 10. B 11. A 12. B 13. A
14. C 15. A 16. C 17. B 18. B 19. C 20. A

单元六

一、判断题

1. × 2. × 3. √ 4. × 5. × 6. × 7. √ 8. × 9. × 10. √

二、选择题

1. C 2. B 3. B 4. A 5. C 6. C 7. A 8. A 9. A 10. B 11. B 12. B 13. B
14. A 15. B 16. A 17. C 18. A 19. B 20. B 21. B 22. A 23. C 24. A 25. C
26. A 27. B 28. C

单元七

一、判断题

1. √ 2. √ 3. √ 4. × 5. × 6. √ 7. √ 8. × 9. × 10. √ 11. √ 12. √
13. √ 14. √ 15. √ 16. √ 17. √ 18. √ 19. × 20. √ 21. × 22. × 23. ×
24. √ 25. √ 26. √ 27. × 28. √ 29. √ 30. √ 31. √ 32. √ 33. √ 34. √
35. √ 36. √ 37. √ 38. √ 39. √ 40. × 41. × 42. √ 43. √ 44. × 45. √
46. √ 47. √ 48. × 49. √ 50. × 51. × 52. √ 53. √ 54. √ 55. × 56. ×
57. × 58. ×

二、选择题

1. B 2. B 3. B 4. C 5. B 6. C 7. A 8. B 9. A 10. C 11. C 12. B 13. A
14. C 15. C 16. C 17. A 18. B 19. C 20. C 21. B 22. C 23. C 24. B 25. C
26. A 27. C 28. B 29. B 30. A 31. B 32. B 33. B 34. A 35. A 36. A 37. C
38. A

单元八

一、判断题

1. × 2. √ 3. × 4. × 5. × 6. × 7. √ 8. √ 9. √ 10. √ 11. √ 12×
13. √ 14. √

二、选择题

1. C　2. A　3. B　4. C　5. A　6. C　7. A　8. A　9. A　10. A　11. C　12. B　13. C
14. B　15. B　16. C　17. A　18. A　19. C　20. C　21. A　22. B　23. B　24. C　25. A
26. C　27. B

附录A 交通标志

道路交通标志是用图形符号、颜色和文字向交通参与者传递特定信息，用于管理和引导交通的设施，车辆、行人必须遵守交通标志和交通标线的规定，从而保障道路畅通和交通安全。道路交通标志分为主标志和辅助标志两大类，主标志包括警告标志、禁令标志、指示标志、指路标志、辅助标志、旅游区标志和道路施工安全标志等7类。

（1）警告标志。警告标志是警告车辆、行人注意危险地点的标志。其形状为等边三角形，顶角朝上。其颜色为黄底、黑边框、黑图案。

（2）禁令标志。禁令标志是禁止或限制车辆、行人交通行为的标志。其形状分为圆形和顶角向下的等边三角形。其颜色除个别标志外，为白底、红边框、红杠、黑图案。图案压杠或黑字。

（3）指示标志。指示标志是指示车辆、行人行进的标志。其形状分为圆形、长方形和正方形。其颜色为蓝底、白图案。

（4）指路标志。指路标志是传递道路方向、地点、距离信息的标志。其形状除地点识别标志外，为长方形和正方形。其颜色除里程碑、百米桩、公路界碑外，一般道路为蓝底、白图案，高速公路为绿底、白图案。

（5）辅助标志。辅助标志是起辅助说明作用的标志。其形状为长方形。其颜色为白底、黑字、黑边框。

旅游区标志和道路施工安全标志略。

1. 警告标志

十字交叉

T形交叉

T形交叉

T形交叉

Y形交叉

向左急弯路

向右急弯路

反向弯路

连续弯路

上陡坡

两侧变窄

右侧变窄

左侧变窄

窄桥

双向交通

环形交叉

下陡坡

注意行人

注意儿童
注意牲畜
注意信号灯
注意落石
注意落石
注意横风
易滑
傍山险路
傍山险路
提坝路
提坝路
村庄
隧道
渡口
驼峰桥
路面不平
过水路面
有人看守铁道道口
无人看守铁路道口
叉形符号
注意非机动车
事故易发路段
慢
慢行
施工
注意危险
斜杆符号
斜标符号
斜杆符号
左右绕行
左侧绕行
右侧绕行

2. 禁令标志

禁止通行
禁止驶入
禁止机动车通行
禁止载货汽车通行
禁止三轮机动车通行
禁止大型客车通行
禁止小型客车通行
禁止汽车拖、挂车通行
禁止拖拉机通行
禁止农用运输车通行
禁止二轮摩托车通行
禁止某两种车通行
禁止非机动车通行
禁止畜力车通行
禁止人力货运三轮车通行
禁止人力客运三轮车通行
禁止人力车通行
禁止骑自行车下坡
禁止骑自行车上坡
禁止行人通行
禁止向左转弯

禁止向右转弯　禁止直行　禁止向左向右转弯　禁止直行和向左转弯　禁止直行和向右转弯　禁止掉头　禁止超车

解除禁止超车　禁止车辆临时或长时停放　禁止车辆长时停放　禁止鸣喇叭　限制宽度　限制高度　限制质量

限制轴重　限制速度　解除限制速度　停车检查　停车让行　减速让行　会车让行

3. 指示标志

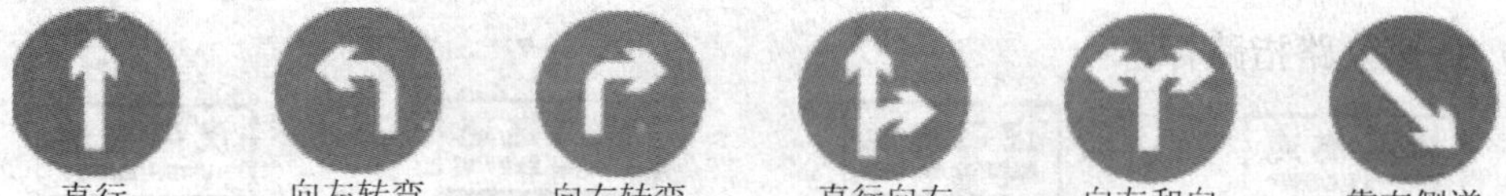

直行　向左转弯　向右转弯　直行向右转弯　向左和向右转弯　靠右侧道路行驶

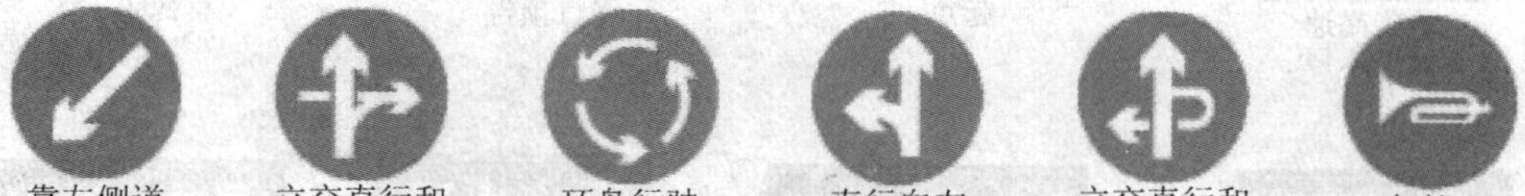

靠左侧道路行驶　立交直行和右转弯行驶　环岛行驶　直行向左转弯　立交直行和转弯行驶　鸣喇叭

机动车道　准许试刹车　单向行驶（向左或向右）　单向行驶（直行）　干路先行　会车先行

车道行驶方向　车道行驶方向　车道行驶方向　车道行驶方向

4. 指路标志

（1）一般道路指路标志

地名

著名地名

行政区划分界

国道编号

省道编号

县道编号

交叉路口预告

十字交叉路口

十字交叉路口

丁字交叉路口

丁字交叉路口

互通式立交

环形交叉路口

分岔处

停车场

避车道

此路不通

（2）高速公路指路标志

预告高速
公路入口

起点

终点预告

终点

通过互通立交进入高速公路的入口预告标志

从省道进入高速公路的入口预告标志

下一个出口

出口预告

两侧通行

右侧通行

左侧通行

紧急电话

加油站

紧急停车带

服务区预告

停车区预告

停车场预告

分流

合流

5. 辅助标志

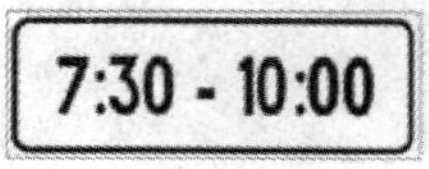

时间范围

时间范围

除公共汽车外

机动车

货车

货车、拖拉机

向前 200 m

向左 100 m

向左、向右各 50 m

向右 100 m

某区域内

学校

附录 B　道路交通标线

道路交通标线是由路面标线、箭头、文字、立面标记组成。道路交通标线分为禁止标线、指示标线和警告标线三大类，常用的如下：

1. 禁止标线

中心黄色双实线

中心黄色虚实线

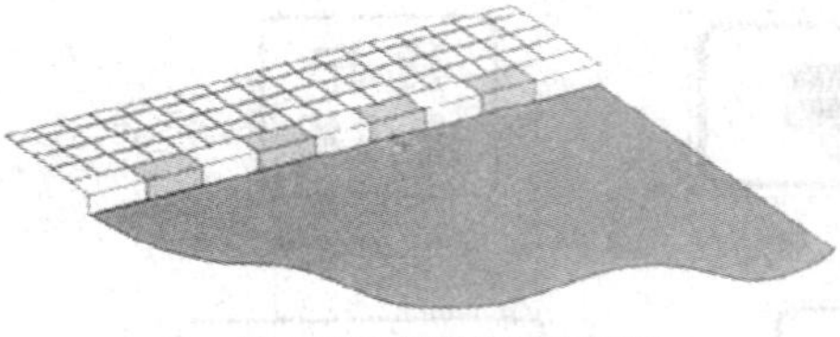

禁止路边长时停放车辆线

禁止路边临时或长时停放车辆线

停车让行线

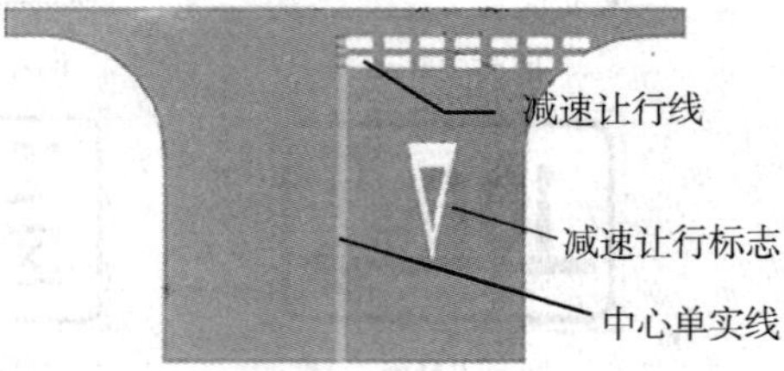

减速让行线

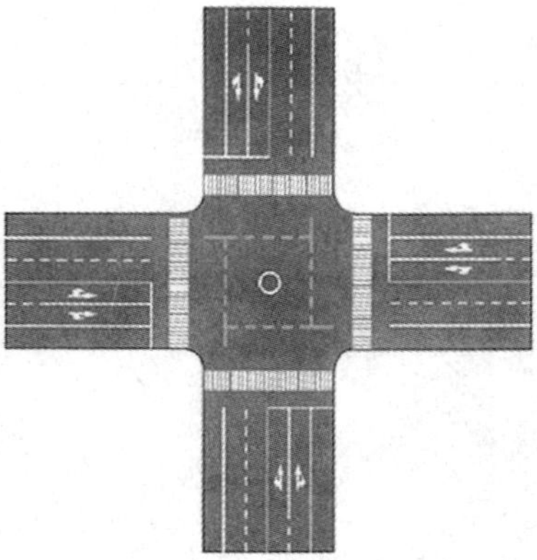

非机动车禁驶区标线

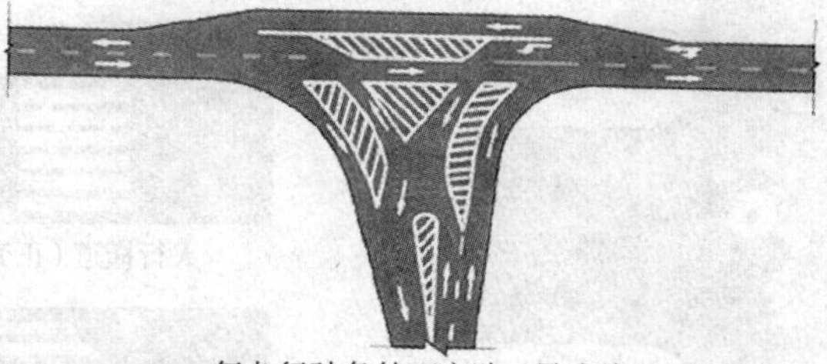
复杂行驶条件丁字路口导流线

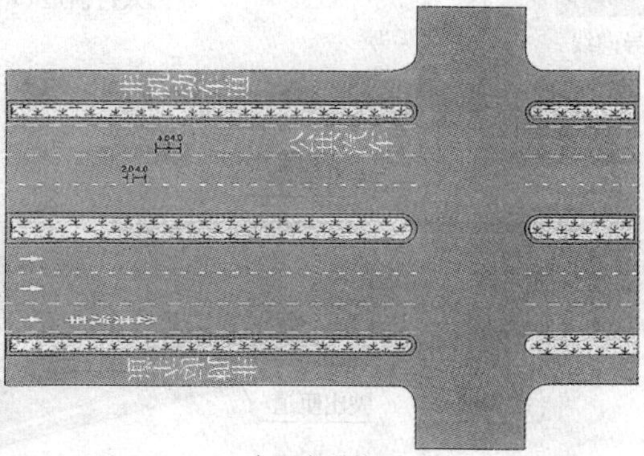
专用车道线

2. 指示标线

双向两车道路面中心线

车行道分界线

车行道分界线

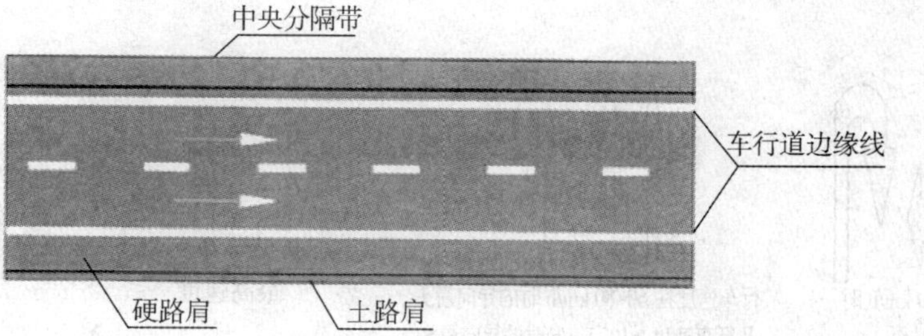

车行道边缘线

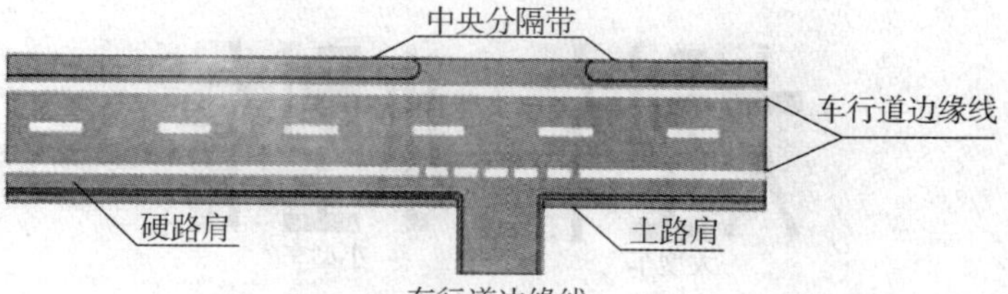

车行道边缘线

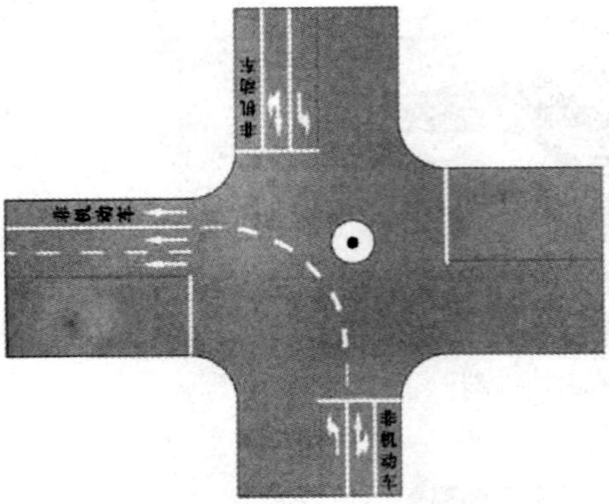

左转弯导向线

人行横道（正交）

人行横道（斜交）

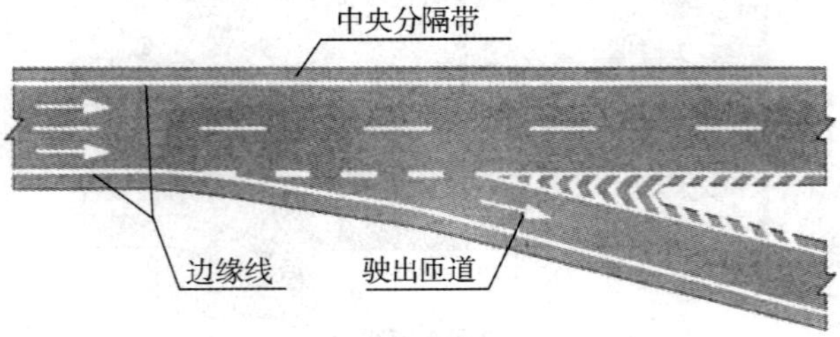

直接式出口标线

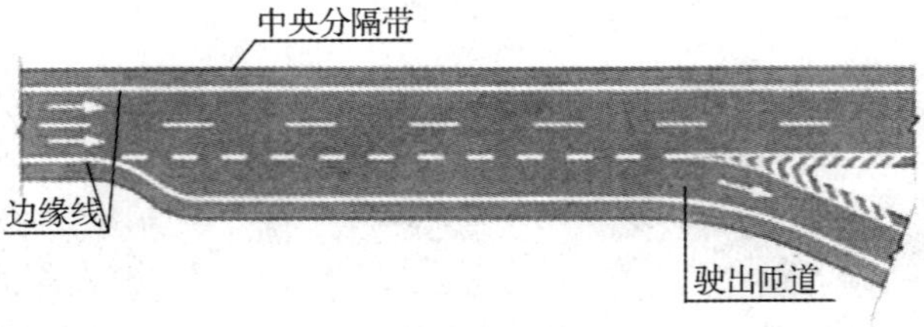

平行式出口标线

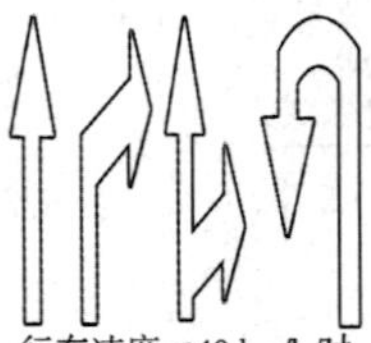
行车速度≤40 km/h 时的导向箭头

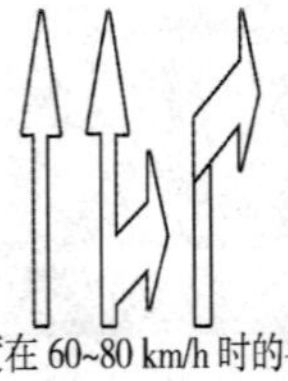
行车速度在 60~80 km/h 时的导向箭头及行车速度≥100 km/h 时的导向箭头

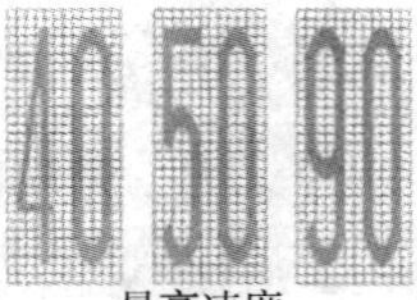

最高速度

最低限速

大型车

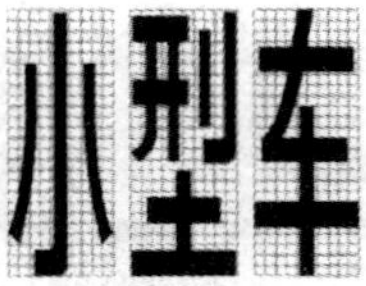

小型车

3. 警告标线

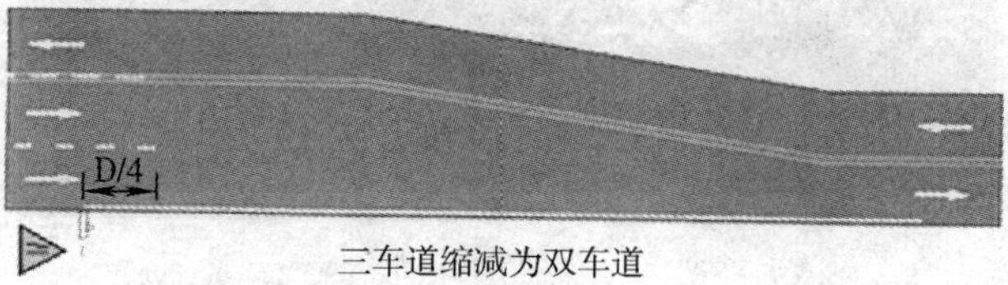

三车道缩减为双车道

四车道缩减为双车道

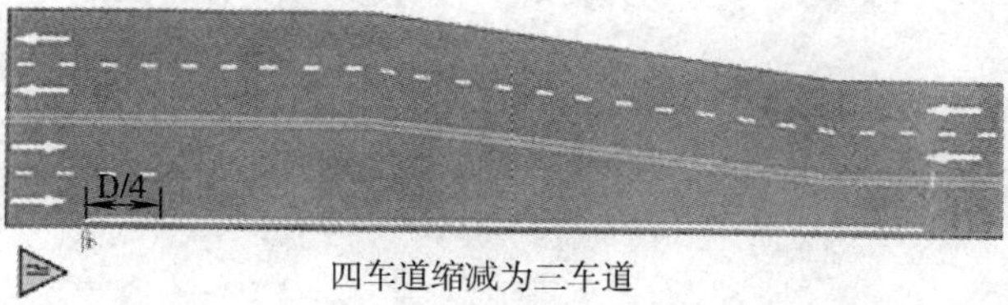

四车道缩减为三车道

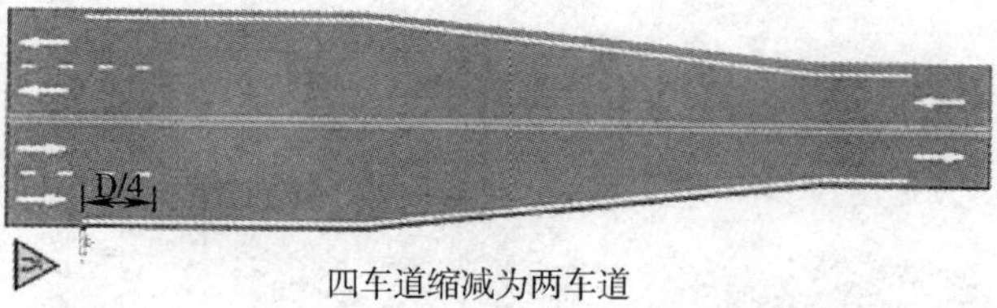

四车道缩减为两车道

三车道斑马线过渡

双向两车道变为双向四车道

四车道缩减为两车道

三车道斑马线过渡

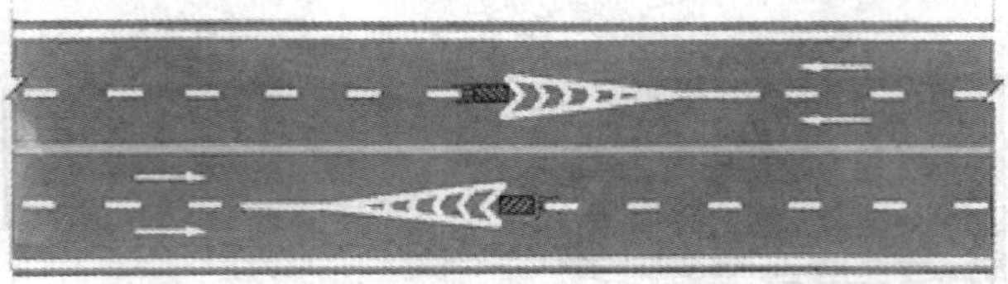

双向两车道变为双向四车道

稿　约

《思问》（辑刊）是四川大学哲学系主编、四川大学出版社出版的综合性学术刊物，出版时间大致为每年八月下旬，主要包括“哲学学生论文”与“哲学教育教改”两大板块。

《思问》（辑刊）自2023年起，定期面向海内外大学学者、在读博硕士研究生以及本科生，征集各类与哲学相关的原创性研究成果，诚约各界同仁踊跃投稿。

一、选题参考

包括但不限于形而上学、伦理学、政治哲学、科学哲学、美学、逻辑学等领域。同时，我们也鼓励对哲学教育教学方法的改进和创新的探讨，以推动哲学学科教育的进步。

二、征文要求

凡符合主题内容且未以任何形式公开发表的原创学术论文均可投稿。来稿应严格遵守学术道德和学术规范，重复率控制在15%以内，所有引文均须注明出处，并务必核对准确。

三、投稿规范要求

（一）文章篇幅：中英文不限，论文字数以8000～12000字为宜。

稿件第一页应包括以下基本信息：①文章标题；②作者简介（姓名、出生年月、学校院系、学历、主要研究方向等）和联系方式（电话、通讯地址、电子邮箱）；③资助声明（如果文章有科研项目等资助，则需要列明）。

稿件第二页应包括以下信息：①文章标题；②中文摘要（400字以内）；③3～5个中文关键词（各词之间空格，不加标点）；④英文标题、作者英文姓名或汉语拼音。

（二）所有来稿请遵循统一的体例规范，格式如下：

1. 层级标题

论文各级标题采用“一、二、……；（一）、（二）……；1.、2. ……）的形式，不用1. 1、1. 2的形式。引言、结语前不加一级标题序号。

2. 字体字号

正文：5号字体。行文用简体中文，宋体；西文采用Times New Roman字体；日文采用MS Mincho体。

引文：引用超过三行时需单独成段，去前后引号，并改楷体。

3. 注释

（1）格式：请采用脚注①②③……，每页重新排列。文末不列参考文献。对于词的注释要紧跟该词之后，对整句的注释放在整句标点后。引用截取的句子（即不完整的句子）时，注释标号应紧跟引号之后，在逗号或句号之前。

（2）同一文献再次出现只标文章或图书名称及页码。

（3）著录内容：①脚注需依次注明作者、书名、出版地、出版社、出版时间、页码（杂志不需页码）；②出版年份不要“版”。杂志文献的引用不要页码，但需标明“第……期”；③注释中作者自译的外文原文，请删去。译文的注释，原则上应翻译为中文；④著和译等的作者名，用逗号隔开，如著者和译者有多个，之间用顿号隔开。

作者国别和朝代均省略。

• 专著类样例：周雪光：《组织社会学十讲》，北京：社会科学文献出版社，2003 年，第 216 页。

• 主编类作品样例：陆学艺主编：《中国社会建设与社会管理：对话 • 争鸣》，北京：社会科学文献出版社，2011 年，第 288 页。

• 译著类样例：皮埃尔 • 布迪厄、华康德：《实践与反思：反思社会学导引》，李猛、李康译，北京：中央编译出版社，2004 年。

• 章、节或者文集中的文章样例：黄源盛：《民初大理院民事审判法源问题再探》，载李贵连主编《近代法研究》第 1 辑，北京：北京大学出版社，2007 年，第 5 页。

• 期刊文章样例：金国平、吴志良：《西方汉字印刷之始》，载《世界汉学》2005 年第 3 期。

• 报纸和大众杂志中的文章样例：鲁佛民：《对边区司法工作的几点意见》，《解放日报》1941 年 11 月 15 日，第 3 版。

• 学位论文样例：陈默：《抗战时期国军的战区—集团军体系研究》，博士学位论文，北京大学历史学系，2012 年，第 134 页。

• 会议论文样例：马勇：《王爷纷争：观察义和团战争起源的一个视角》，政治精英与近代中国国际学术研究会会议论文，杭州，2012 年，第 9 页。

• 古籍类样例：张金吾编：《金文最》卷一一，光绪十七年江苏书局刻本，第 18 页 b。

苏天爵辑：《元朝名臣事略》卷一三《廉访使杨文宪公》，姚景安点校，北京：中华书局，1996 年，第 257—258 页。

• 转引文献样例：章太炎：《在长沙晨光学校演说》（1925 年 10 月），转引自汤志钧《章太炎年谱长编》下册，北京：中华书局，1979 年，第 823 页。

4. 外文信息处理

（1）外国人名、外文著作书名

首次出现的外国人名、书名原则上需在括号内标明原文，外国人有通用的中文名者应以其中文名称谓（括号内注明原名）。如美国汉学家费正清（John King Fairbank，1907—1991）；如黄仁宇的《万历十五年》的英文版书名是 1587，*A Year of No Significance*。非英文人名的翻译，应采用其固定的英文拼写方式。如比丘林译作 Iakinf Bichurin；英文原著的作者（含华裔）使用原署名，不加拼音。如黄仁宇的英文署名是 Ray Huang。日文文献中的日本作者不必再标注国籍，中文文献需要。

（2）外文文献著录

外籍作者中译本著作不用标注原书名。

①英文专著：作者姓＋名，书名斜体，出版地，出版商，出版年，页码，引文跨两页以上者用双“p”。出版地，出版商，出版年三条信息需放在括号内。

Stephen Owen, *Traditional Chinese Poetry and Poetics* (Madison: University of Wisconsim Press, 1985), pp. 103－105.（注：书名斜体，再次出现时只保留书名和页码。）例：*Traditional Chinese Poetry and Poetics*, pp. 103－105.

②英文期刊：作者姓＋名，文章名正体，加双引号，期刊名斜体，刊期，页码（不用双“p”）。中间使用英文逗号。

Joel Biroco, “Zhouyi: The Book of Changes,” *The Oracle: Journal of the Ching Society*, No. 6 (1998): 12－14.［注：英文期刊及图书析出文献，析出文献正体，用引号标注，（前边不必加“in”）原书/刊名斜体，期号/刊号（年份），页码有则保留。再次出现时，只保留析出文献。例：“Zhouyi: The Book of Changes”.

英文报纸和大众杂志中的文章样例：Daniel Mendelsohn, “But Enough about Me,” *New Yorker*, January 25, 2010, p. 68.

③日文注释应统一使用日文汉字和标点，日文专著：岡倉天心「日本美術史」、『岡倉天心全集』第四巻、東京：平凡社、1980、第 8－9 頁。（使用“第……頁”。）

日文期刊：稲賀繁美「中国踏査旅行」、古田亮監修『別冊太陽：日本のこころ一 209』、平凡社、2013 年、第 22 頁。

④俄文：Н. Т. Федоренко, Китайская литература: очерки по истории китайской литературы, Москва, Государственное издательство художественной литературы, 1956. стр. 25.

⑤德文：Otto Franke, „Die sinologischen Studien in Deutschland“, in: Ders., *Ostasiatische Neubildungen*. Hamburg: Verlag von C. Boysen, 1911. S. 361.

⑥法文：Lucian Febvre, *Combats pour l'histoire*. Paris: Armand Collin, 1953, p. 30.

5. 数字使用

正文涉及“几岁”“几个”“几年”等，都用阿拉伯数字表述，如 8 年。

干支纪年、夏历月日、历史纪年（年号）要用汉字数字，如康熙辛卯年三月一日、贞观十年。

“上世纪”统一为“20 世纪”，年代的写法：“20 世纪 30 年代”“20 世纪二三十年代”。

古籍卷次要用汉字，如《资治通鉴》卷二〇〇。

四、其他说明

（一）凡来稿，均被视为专投本刊专用之稿，整体版权属《思问》编委会所有。本刊发表的学术论文文责自负，三个月内未接到编辑部处理意见的，作者可自行处理。来稿恕不退还，请作者自留底稿。

（二）本刊不向作者收取任何形式的费用，来稿一经刊用，我们将向您寄送样刊两册。

五、投稿方式

本刊接受邮件投稿。投稿邮箱为：scu _ siwen@163. com（邮件主题请注明：作者姓名＋论文题目＋作者单位＋联系电话）

论文投稿截止日期：全年收稿，2026 年 3 月 1 日及以后的稿件顺延。

联系方式：028－85417126

地　址：四川大学（望江校区）文科楼 202 室

邮　编：610064

我们期待着您对《思问》期刊的大力支持，若您对征稿启事有任何疑问或需要进一步的帮助，请随时与我们联系。《思问》期刊诚挚欢迎热爱哲学的老师和同学积极投稿，让我们共同探讨哲学的奥秘，推动学术的进步。

《思问》编辑部

2025 年 8 月